EIN MITBRINGSEL VOM TOD

Thomas Kramer
1996

Herstellung: Books on Demand GmbH

ISBN 3-89811-897-5

Danke.

Play The Game of Death

EINE SERENADE FÜR DEN TOD

Der Tod bringt das Licht in die Dunkelheit
den Schmerz in die Vergangenheit
und die Sehnsucht zum Erliegen.

Wenn das Leben ohne Licht ist,
der Schmerz nicht vergessen ist
und Sehnsucht nicht erlegen ist,
dann ist es Zeit für die Erlösung.

Der Schatten über dem Leben
hat mehr von dem Tod als
der Tod selbst und Sterben ist mehr
als Leben.

Wenn die Sonne für immer untergeht,
ist es allemal besser nicht zu erfahren,
dass es so ist, als sich dem Untergang
bewusst entgegen zu setzen.

When the time begin to hurt you, than you must take the way of unliving.

GET THE VICTORY

*Dränge eine Ratte in die Enge der Ecke
und sie wird über sich selbst
hinauswachsen.*

*So schaue, dass Du eine Ratte bist
und dass man Dich in die Enge treibt
und Du wirst über Dich selbst
hinauswachsen.*

Nur wenn Adrenalin Dein Blut erobert, wird wahre Stärke in Dir wachsen.

EIN RÄTSEL GEFÄLLIG?

Ein Schlüssel gefällig?
So nehme den Namen Deiner Ahnung
und den Buchstaben der so ähnlich klingt,
und aus einem werden zwei am Ende.

Und wenn es dann nicht reicht, dann ignoriere
nur die Änderungen des Vorherigen
und packe ein wenig Gefühl dazu
und Du wirst das Zweite haben.

Gewusst wie; wo, weißt Du ja. Aber warum, könntest Du erfahren.

Du hast alles, denn Du bist cool?

BIST DU COOL?

Sie liebes es, sie mögen es,
wenn Du cool bist.
Aber was heißt cool sein?
Und Du denkst an den Kühlschrank Deiner Gefühle.

Ich liebe es, ich mag es,
wenn ich wirklich cool bin.
Aber was heißt cool sein?
Und ich fühle die Kälte meiner Einsamkeit.

Die Welt liebt es, die Zeit mag es,
wenn Du wirklich cool bist.
Aber cool sein bedeutet nicht Mensch sein.
Und Du fühlst, was es bedeutet, cool zu sein.

Cool sein, dass heißt Tier sein und alle werden Dich lieben. Aber was ist, wenn Du bist, wer Du
bist: Ein Mensch?

DER SINN DES LEBENS

Schaue nach den Verrückten im Irrenhaus
und Du fühlst Mitleid und Schmerz.
Und der Verrückte sieht und lacht über Dich.

Schaue nach den geistig Behinderten
und Du fühlst Mitleid und Schmerz.
Und der Behinderte sieht und lacht über Dich.

Schaue nach Jenen, die wissen, dass sie vor der Pforte des Todes stehen
und Du fühlst Mitleid und Trauer.
Und die Sterbenden wissen, was Du fühlst, verstehen Dich aber nicht.

Sie alle leben in einer Welt jenseits Deiner eigenen
und sie haben die Erkenntnis,
die Dir fehlt, um den Sinn des Lebens zu begreifen.

DAS GESPRÄCH DES LEBENS

Ich gehe auf dem Weg des Lebens, alleine und einsam.
Dunkle Gassen und der Schmerz der Ohnmacht;
ich ersticke im Haß der Welt, in die ich kam,
und das Verlangen zu sprechen ist in mir erwacht.

Ich suche nach dem, der mich Hören will, aufmerksam und wach.
Lichter am Horizont und der Glaube an die Hoffnung;
Luft zum Atmen, die mich glücklicher macht,
und die Kraft in mir zu sprechen, kommt in Schwung.

Ich fange an zu träumen, voll Liebe und Sehnsucht.
Glückliche Träume und Gefühle des Himmels Gabe;
die Winde des Firmaments, die mein Leben erfassen mit Wucht,
und ich spreche, wie ich noch nie gesprochen habe.

Ich lebe auf dem Horizont, voll Erwartung und Glück.
Liebende Augen und ein glückliches Lachen;
ich fühle den Zug der Wolken, aber es fehlt ein Stück,
und das Verlangen zu hören wird in mir erwachen.

Ich falle in die Tiefe der Dunkelheit, enttäuscht und unglücklich.
Depressionen und der Schmach der Hölle;
kein Wind, keine Luft, ich fühle Leere um mich,
denn Sprechen ohne zu hören ist kein Gespräch.

So spreche, wie Du sprechen kannst,
voller Kraft und ohne Angst.
Aber höre, ob Du gehört wirst,
und Du hast das Gespräch Deines Lebens.

Schlägt Dein Herz?

LIEBE IST ...

Liebe ist Verlangen,
Liebe ist Sehnsucht
und Gefühle, die Träume zum Leben erwecken.

Liebe ist Leben,
Liebe ist Glück
und Gefühle, die Dein Körper zum Beben bringt.

Liebe ist Schmerz,
Liebe ist Trauer
und Gefühle, die Dir den Tod im Leben bringt.

Liebe ist Alles,
Liebe ist Nichts
und Gefühle, die Dir zeigen, was Leben heißt.

Fühle das Gefühl des Lebens und Du wirst leben als ein Mensch.

DIE OHNMACHT

Die Welt ist in Ordnung, denn Du weißt nichts.
Und Du gehst den Weg Deines Lebens ohne zu leben.
Du hörst Musik, die Worte der Menschen, aber Du hörst nichts.
Und es kommt der Zeitpunkt des Erwachens
und Du fragst, warum musste ich leben.

Du schaust um Dich herum und Du siehst, nichts ist in Ordnung.
Und Du gehst den Weg Deines Lebens ohne Sinn.
Du siehst und hörst das Schlechte um Dir, aber Du bist nicht da.
Und es kommt die Nacht der Nächte, die letzte
und Du trauerst um Dein eigenes Leben.

Leben und leben lassen, Sterben und sterben lassen.
Und nichts passiert. Die Welt dreht sich weiter,
aber Du fühlst die Leere um Dich.

Du fängst an zu fühlen, wie Du noch nie gefühlt hast,
und der Schmerz kommt über Dich.
Und das Verlangen bringt Dich zu dem Punkt,
an dem der Schmerz Dich zum Leben bringt.

Aus der Tiefe Deiner Depression wächst in Dir die Kraft des Lebens.
Und es passiert Alles, was Du passieren lassen möchtest, ob Gut oder Böse.
Die Ohnmacht des Lebens ist besiegt, und jeder lacht über Dich,
aber Du hast die Erfahrung, die jeder will und doch keiner möchte.
Und das Leben ist Dein.

Wissen ist Macht, aber wer will das schon?

WISSEN IST MACHT

Ich weiß, dass ich nichts weiß.
Und Wissen ist Macht,
um Dich und die Welt zu begreifen.
Wisse, was Du wissen musst und Du kannst tun, was Du tun magst.

Ich weiß, dass ich nichts weiß.
Und Wissen ist Nichts,
um Dich und die Welt zu fühlen.
Wisse nicht, was Du nicht wissen musst
und Du kannst fühlen, was Du fühlen magst.

Ich weiß, dass ich nichts weiß.
Und Wissen ist Alles,
und wenn Du wüsstest, dass Du alles wüsstest, würdest Du verrückt werden.
So wisse, was Du wissen musst und das Leben wird Dein sein.

Wenn Du das Wissen des Universums in Dich aufnehmen könntest, würdest Du die Dummheit
vorziehen, um glücklich zu sein.

FÜHLE DAS LEBEN

Kannst Du die Dunkelheit fühlen?
Ich weiß, Du kannst sie sehen.
Aber was ist Leben?
Ich verspreche, Du wirst es erfahren, und ich hoffe,
dass es Deine letzte Nacht sein wird, wenn Du es erfährst.

Kannst Du das Licht spüren?
Ich weiß, Du kannst es sehen.
Aber was ist der Tod?
Ich verspreche, Du wirst es erfahren, und ich hoffe,
dass es Dein letzter Tag sein wird, wenn Du es erfährst.

Kannst Du die Träume deuten?
Ich weiß, Du kannst sie fühlen.
Aber was ist Liebe?
Ich kann Dir nicht versprechen, ob Du es je erfahren wirst, aber ich hoffe,
dass es kein Tag gibt, an dem Du es erfahren wirst.

Kannst Du Dich selber verstehen?
Ich weiß, Du versuchst es.
Aber wer bist Du?
Ich würde es Dir so gerne sagen,
aber ich weiß es selbst nicht.

RETTET DIE WELT

Schaue in die Welt
und sage mir, was Du siehst.
Es ist nicht die Welt, in die Du gehen möchtest,
hätte man Dich gefragt, bevor Du geboren wurdest.

Schaue in die Welt
und sage mir, was Du denkst.
Jeder sagt, was gut ist. Jeder denkt, was schön ist.
Aber so gut wie niemand tut, was er sagt oder denkt.

Schaue in Dein Umfeld
und sage mir, was Du siehst.
Es ist krank und es ist kaputt, egal wohin Du schaust.
Und Du weißt es, Du hasst es, aber Du tust es nicht anders.

Schaue in Dich selbst
und sage mir, was Du fühlst.
Du willst es, Du denkst es, aber Du tust es nicht.
Und Du weißt es, Du hasst es und es macht Dich unglücklich.

Rette die Welt, rette Dein Umfeld und rette Dich selbst
und sage mir, was Du weißt.
Die Ohnmacht ist über alles, und Niemand ist da,
der es Stoppen kann, Niemand, der es Stoppen will.

MACH DIE AUGEN ZU

Mach die Augen zu und Du wirst schlafen,
mach die Augen zu und Du wirst träumen.
Die Welt begibt sich zur Ruhe und alles ist gut.

Mach die Augen zu und Du wirst denken,
mach die Augen zu und Du wirst wissen.
Und Du wirst aufwachen, obwohl Du Dich zur Ruhe begibst.

Mach die Augen zu und Du wirst fühlen,
mach die Augen zu und Du wirst verdrängen.
Du wirst Deine Ruhe haben, aber Wissen, dass es falsch ist.

Mach die Augen zu und Du wirst spüren,
mach die Augen zu und Du wirst sterben.
Du wirst es merken, aber es wird Dir egal sein.

Mach die Augen auf und Du wirst sehen,
mach die Augen auf und Du wirst hören.
Und Du wirst Wissen, dass Du die Augen nicht mehr schließen kannst.

SO EIN UNSINN

Denke nicht darüber nach,
denn Du wirst es eh nicht verstehen.

Lebe und Du wirst sterben.
Sterbe und Du wirst leben.

Bist Du neugierig auf das, was nach dem Leben ist?
Lebe und Du wirst vielleicht Sehnsucht danach bekommen.

Du liebst den Regen,
und Du hasst die Sonne, warum?

Kannst Du das Nichts fühlen?
Kannst Du die Unendlichkeit des Universums erfassen?

Ich rate Dir, lebe und Du wirst nicht wissen, dass Du tot bist.
Denn wenn Du stirbst, wirst Du das Leben nicht mehr ertragen können.

Schwachsinn ist Macht, weil ungedacht.
Dummheit ist Leben, weil ohne Verstand.
Klugheit ist Qual, weil Wissen Dich verrückt macht.
Genie ist Tod, weil es Dich schwachsinnig macht.

DER GLAUBE

Glaubst Du an Gott, das Leben
und den Sinn Deiner Existenz?
Gehe in die Kirche und verleugne Dich selbst
und Du wirst Dir und anderen das Glück bringen.

Glaubst Du an Andere, Deinen Wohlgesinnten
und der Hochnäsigkeit Deiner Illusion?
Gehe hinaus in die Welt und verleugne Dich selbst
und Du wirst Dir und anderen das Unglück bringen.

Glaubst Du an Dich selbst, der Menschheit
und Deiner Liebe?
Sei erfolgreich und betrüge das Leben
und Du wirst nicht merken, dass Du unglücklich bist.

Glaubst Du nicht, dass Du glauben tust
und begehrst Du, was Du nicht haben kannst?
Zerstöre Dich und Dein Leben
und Du wirst die Sehnsucht nach dem Glück spüren.
Du wirst tot sein, aber mehr leben, als Du je gelebt hast.
Und man wird in Dir sehen, was man nie geglaubt hat, aber Du wirst tot sein.

DER STROM

Spürst Du die Kraft, die Dich vorwärts bringt,
und die Dich zum Handeln zwingt?
Es ist der Strom der Menschen und der Wunsch nicht anders zu sein,
der Dir dieses Leben beschert.

Spürst Du die Sinnlosigkeit, die Dich nachdenklich macht
und die Genialität derer, die anders sind?
Es ist der Strom der Menschen und der Traum anders zu sein,
der Dir die Nacht Deiner Träume beschert.

Spürst Du den Schmerz, der Dich zum Fühlen bringt
und der Dich wissen lässt, dass Du schwimmen musst?
Es ist nicht mehr der Strom der Menschen aber das Bewusstsein Nichts zu sein,
der Dir die Kraft gibt, Widerstand zu leisten.

Spürst Du den Widerstand, der Dich zum Aufgeben drängt
und der Dich fragen lässt, ob Du ein Mensch bist?
Es ist gegen den Strom der Menschen und die Gewissheit, anders zu sein,
der Dir sagt, jeder möchte es, aber keiner will es.

DER TOD

Spürst Du die Depression, den Schmerz
und den Wunsch zu sterben?
Du fühlst das Leid und die Qual Deiner selbst
und es lässt Dich leben.

Spürst Du die Hoffnungslosigkeit, die Ausweglosigkeit
und den Wunsch der Trauer anderer?
Du fühlst das Leid und die Qual anderer
und es lässt Dich leben.

Spürst Du die Kälte, die Einsamkeit
und den Wunsch, dass der Schmerz aufhört?
Du fühlst kein Leid und keine Qual
und Du beginnst zu sterben.

Spürst Du die Erlösung, die Neugier des Glaubens
und den Wunsch, zu erfahren, wovon Niemand berichten kann?
Du fühlst nichts und spürst die Leere
und Du weißt, dass Du tot bist, obwohl Du lebst.

DIE LIEBE

Spürst Du die Sehnsucht und das Verlangen,
die Hoffnung und die Gefühle Deines Herzens?
Du denkst und Du fühlst,
dass es Liebe ist.

Spürst Du den Schmerz und die Trauer,
die Hoffnungslosigkeit und die Depression Deines Verstandes?
Du denkst und Du fühlst,
darf dies Liebe sein?

Spürst Du die Leere und das Nichts,
die Gefühllosigkeit und den Tod Deiner Gefühle?
Du denkst und Du fühlst,
das darf nicht Liebe sein.

Du hast gegeben, was Du nur geben kannst,
und Du hast aufgegeben, was Du nur hast.
Du denkst und Du fühlst, dass es falsch war,
aber Du weißt, dass es wahre Liebe ist.

DAS NICHTS

Leere ist Nichts, denn nichts ist leer.
Du atmest, Du isst und Du bewegst Dich.
Du denkst, Du handelst und man sieht Dich.
Aber Du fühlst nichts, denn Du bist leer.

Schaue in Dich, schaue um Dich,
und schaue auf das, was Dir wichtig ist.
Aber Du kannst Dich nicht freuen, Du kannst nicht weinen,
denn Du fühlst die Leere des Nichts.

Suche die Liebe, suche die Hoffnung,
und suche jenes, das Dich leben lässt.
Aber Du kannst nicht traurig sein, Du kannst nicht froh sein,
denn Du fühlst das Nichts der Leere.

Alles in Dir ist erstickt und Dein Herz schlägt,
obwohl es nicht mehr lebt und die Leere Dir den Puls des Lebens nimmt.
Sehne Dich nach Hoffnung, nach Liebe und dem Leben,
und Du lebst im Tod und Leben ohne Sinn ist mehr,
als Leben mit der Leere des Nichts.

DER ULTIMATIVE WIDERSPRUCH

Siehst Du und hörst Du,
wer oder was Du bist?
Nein, denn das Leben und Dein Umfeld betrügt Dich.
Und Du weißt das, aber Du ignorierst es.

Ahnst Du und glaubst Du zu wissen,
wer oder was Du bist?
Nein, denn Deine Träume und Deine Wahrnehmung täuschen Dich.
Und Du kannst es nicht glauben, aber Du weißt es.

Versuchst Du und denkst Du zu verstehen,
wer oder was Du bist?
Ja, denn Niemand sieht und hört es und Niemand wird es merken.
Und Du weißt es, dass Du scheinst, wer Du nicht bist.
Und Du hast Angst zu sein, wer Du wirklich bist,
weil Dir das Leben zeigt, dass Du sein musst, wer Du nicht bist.

DER MENSCHHEITSTRAUM

Frieden für die Welt und Glück für jeden Menschen.
Kein Hunger und kein Leid, kein Krieg, der Dich bedrückt.
Das Paradies auf Erden und im Leben.
Die Menschheit träumt davon.

Du möchtest dem Frieden und dem Glück dienen,
dazu beitragen, dass keiner Hungern muss, keiner Leid erfahren muss.
Auch Du möchtest das Paradies auf Erden und im Leben erschaffen.
Und Du träumst davon.

Du möchtest das Alles tun, um selber Frieden und Glück zu erfahren,
kein Hunger, kein Leid und kein Krieg zu erleben.
Auch Du möchtest das Paradies auf Erden und im Leben für Dich selbst.
Und Du sehnst Dich danach.

Aber was ist, wenn der Frieden und Glück überall,
niemand hungert und niemand empfindet Leid und auch kein Krieg?
Du bist im Paradies, aber Du hast keine Träume,
keine Ziele und keine Aufgabe mehr.
Und Du wirst es nicht wollen, weil es Dich unglücklich macht.
Möchtest Du den Menschheitstraum Wirklichkeit werden lassen?

DIE MORAL

Die Menschheit als Ganzes
träumt und denkt an das Gute im Menschen.
Der Mensch als Einzelner
hat gelernt und fühlt danach.

Kannst Du die Ehre Deiner selbst spüren?
Ich frage Dich, weißt Du was Ehre ist?
Bist Du Mensch oder bist Du Tier?
Und hat ein Tier nicht mehr vom Menschen, als ein Mensch vom Tier?

Du bist Teil der Menschheit.
Träumst und denkst Du an das Gute im Menschen?
Hast Du es gelernt und fühlst Du danach?

Die Menschheit kann das Paradies auf Erden schaffen.
Aber die Frage ist, willst Du das?
Was wäre, wenn all das Schlechte, was nicht Dir widerfährt,
Niemanden widerfahren würde?
Hast Du ein Interesse und Neugier am Guten?

DIE EINSAMKEIT

Einsam und verlassen und ausgeschlossen von der Gesellschaft.
Gibt es einen Menschen, der das möchte?
Du weißt es, wir alle wissen es,
es gibt kein Mensch, der dies möchte.

Du möchtest Anerkennung und Liebe und Teil der Gesellschaft sein.
Und Du möchtest Denken, Fühlen und Sein wie sie,
auch wenn es wider Deiner Natur ist.
Und Du kämpfst und verleugnest Dich selbst, um zu sein, wie Du nicht bist.

Aber Du bleibst immer der, der Du bist,
auch wenn Du Andere täuschst und Dich selbst verleugnest.
Und Du wirst Fehler machen und man wird Dich ertappen.
Man wird über Dich lachen und Deine Gefühle verletzen.

Doch bedenke, dass Du einsam und verlassen und ausgeschlossen bist,
auch wenn Du nie einsam, verlassen und ausgeschlossen bist.
Das Leben bist Du, und Du bist Teil dieser Welt, egal wer Du bist.
Warum gegen Dich selbst kämpfen, wenn Du bleibst, wer Du bist?
Gehe hinaus in die Welt und zeige jedem, wer Du bist und Du wirst erfahren, dass
Du nicht einsam bist.

DIE ANGST

Wenn Angst das Leben beschützt,
der Verstand dem Handeln die Luft nimmt,
wird nichts passieren und auch nichts leben.
Leben mit der Angst ist leben ohne Leben.

Wenn Angst die Kraft verliert,
der Verstand zum Handeln zwingt, weil es ihm egal ist,
wird es passieren und es wird leben.
Leben ohne Angst ist Leben, das wahre Leben.

Wenn Sehnsucht und Schmerz die Angst aus dem Herzen treibt,
die Gefühle zum Lieben zwingt, weil ihnen Leid nicht fremd ist,
wird Einsamkeit und Sterben keine Chance mehr haben.
Lieben ohne Angst ist lieben, das wahre Liebe ist.
So ziehe den Schluss, und sei vorsichtig,
aber habe keine Angst, und es wird Dich wachsen lassen.

FRAGE MICH!

Frage mich, wer ich bin.
Frage mich, wie ich heiße.
Frage mich, was ich liebe und was ich hasse.
Frage Dich selbst, ob Du mich kennst.

Lebe mit mir, liebe mich.
Lass die Jahre mit mir über Dich gehen.
Erlebe Leid und Glück mit mir.
Aber frage Dich selbst, ob Du mich kennst.

Werde alt mit mir, liebe mich, liebe Dich.
Lass das Ende zu mir und über Dich gehen.
Erlebe den Schmerz und die Erlösung mit mir.
Und wenn Liebe wirklich Liebe ist,
wirst Du Dich nicht mehr fragen brauchen, ob Du mich kennst.

EIN MENSCHENLEBEN

Die Bedeutung, das eigene Leben zu verlieren,
der innere Widerstand und der Instinkt zu überleben.
Das eigene Schicksal dem Ende zu übergeben,
und die Frage, welchen Wert hat dieses eigene Menschenleben?

Die Bedeutung, ein eigenes Kind zu verlieren,
der innere Widerstand und der Instinkt es nicht zuzulassen.
Das Schicksal seines Kindes nicht dem Ende zu übergeben,
und die Frage, welchen Wert hat dieses Menschenleben?

Die Bedeutung, seine Eltern oder einen nahen Angehörigen zu verlieren,
der innere Widerstand und der Instinkt es nicht verhindern zu können.
Das Schicksal dieser Menschen machtlos dem Ende zu übergeben,
und die Frage, welchen Wert haben diese Menschenleben?

Die Bedeutung, einen Fremden sterben zu sehen,
die innere Normalität und die Sehnsucht, dass es ein nicht selbst erwischt.
Das Schicksal dieser Menschen wertlos dem Ende zu übergeben,
und keine Frage, welchen Wert haben diese Menschenleben?

Doch was er zu Dir, bist Du zu ihm.
Und ich frage, welchen Wert hat dieses Menschenleben?

WAS SIND TRÄUME?

Träume sind schäume, aber was sind Gefühle?
Träume sind verrückt, aber was ist das Leben?
Träume sind sinnlos, aber was ist die Liebe?
Träume soviel, wie Gefühle, Leben und Liebe in Dir ist.

Sehen, ohne die Augen zu öffnen.
Gesehen werden, ohne den Verstand zu benutzen.
Hören, ohne die Ohren zu spitzen.
Gehört werden, ohne das Herz zu benutzen.

Eine Welt erleben, die nicht existiert.
Ein Leben fühlen, das nicht real ist.
Den Unsinn über Dich ergehen lassen, wenn Du nichts brauchst.
Die Gefühle auf Dich wirken lassen, wenn Du voll Sehnsucht bist.

Erfahre mehr über die Träume,
und Du erfährst mehr über Deine Gefühle.
Erfahre mehr über den Sinn Deiner Träume,
und Du erfährst mehr von Deinem Leben.
Erfahre mehr über die Gefühle nach dem Träumen,
und Du erfährst mehr von Dir selbst.

LACHE NUR ...

Härte, Stärke und Gemeinheit:
Tugenden, die den Körper leben
und den Geist ohnmächtig werden lassen.
Du bist stark und niemand wird über Dich lachen, aber Dein Herz wird weinen.

Angst, Mitleid und Schmerz:
Tugenden, die den Körper zerstören
und den Geist stark werden lassen.
Du bist, wer Du bist, und es ist Dir egal, dass alle über Dich lachen,
weil Dein Herz lacht.

So lasse alle über Dich lachen,
denn deren Herzen werden weinen.
Lache nicht über Andere,
und Dein Herz wird heilen.
Liebe mit dem Verstand,
und Dein Herz wird lachen.

GEDANKEN

Gute Gedanken, ein gutes Feeling
und die Welt, die Dir zu Füssen liegt.
Du bist jemand und Wehtun ist nicht.
Du bist der King, aber ein Mensch, ich gönne es Dir.

Schlechte Gedanken, ein schlechtes Feeling
und die Welt, die auf Dir herumtrampelt.
Du bist niemand und Glück ist nicht.
Du bist der Dreck, aber ein Mensch, ich weiß es.

Keine Gedanken, kein Feeling
und die Welt, die Dir egal ist.
Du bist Tod und Gefühle sind nicht.
Du bist nicht, aber ein Mensch, ich hoffe es.

Habe Gedanken, habe ein Feeling,
ob gut oder schlecht, ob Liebe oder Hass, nur fühle es.
Du bist wer, ob King oder Dreck, Jemand oder Niemand, nur wisse es.
Du wirst Mensch bleiben und Mensch sein, wenn Du fühlst.
Aber Du wirst nichts sein, wenn Deine Gedanken verloren
und Dein Feeling erstickt ist.

DIE GESICHTSMASKE

Ohren; Hören und gehört werden.
Augen; Sehen und gesehen werden.
Aber was hörst Du?
Aber was siehst Du?

Sich bewegen, handeln und da zu sein.
Man sieht Dich, man hört Dich
und man glaubt Dich zu kennen.
Aber was Du zeigst, ist das, was Dich nicht verletzen kann.
Aber ist es das, was Du wirklich bist?

Gefühle, Ängste und Sehnsüchte zeigen.
Man fühlt Dich, man sieht Dich
und man kennt Dich.
Aber was Du zeigst, ist das, was Dich verletzen kann.
Und es ist das, was Du wirklich bist.

Brauchst Du die Maske, hast Du Angst?
Hat die Angst mehr von Dir, als die Verletzlichkeit selbst?
Probiere es aus und werfe die Angst über Bord.
Du brauchst keine Maske, denn Du hast keine Angst.
Und die Verletzlichkeit zeigt, wer Angst vor Dir hat
und auch, wer Deine wahren Freunde sind.

REDEN IST SILBER, SCHWEIGEN IST GOLD

Reden ist Silber
Schweigen ist Gold.
Doch nicht alles was glänzt ist Gold.

Stille Wasser sind tief.
Stille Wasser sind aber auch dreckig.
Die Wahrheit kommt eines Tages aus der Dunkelheit ans Tageslicht.

So sage ich:

Schweigen ist Silber,
Reden ist Gold
und die Wahrheit ist Platin.

Stille Wasser sind bedenklich.
Stille Wasser sind aber auch gequält.
Und die Wahrheit soll kommen, so schnell sie kommen kann.

EIN TAG

Morgens, wenn die Sonne aufwacht,
es noch kalt ist und keine Lust.
Denkend an die Nacht,
fühlend und mit dem Gefühl der Frust.

Mittags, wenn die Sonne lacht,
es warm wird und kein Glaube.
Fühlend an das Vergangene,
schmerzend und mit dem Gefühl der Angst.

Abends, wenn die Sonne untergeht,
es wieder kalt wird und wieder Frust.
Schmerzend an das Kommende,
fühlend und mit dem Gefühl der Liebe.

Nachts, wenn es keine Sonne gibt,
es friert und keine Gefühle.
Träumend über das Leben,
fühlend und mit dem Gefühl der Sehnsucht.

ETWAS FÜR DICH

Sehen mit den Augen offen,
sich erinnern und auch Handeln.
Sehen mit den Augen geschlossen,
fühlend und auch darüber denkend.

Hören mit den Ohren offen,
Wörter und auch der Verstand.
Hören mit den Ohren geschlossen,
denkend und auch fühlend.

Sprechen mit dem Mund offen,
Alles und doch auch nichts.
Sprechen mit dem Mund geschlossen,
fühlend und doch für Dich allein.

Lesen mit dem Verstand wach,
aber Verstehen ist nicht gedacht.
Lesen mit dem Herzen erfüllt,
und Wissen mit dem Herzen gespürt.

DAS VERBRECHEN

Es schmerzt, es tut weh
und es bedrückt die Seele.
Es reagiert ab, es befriedigt
und es macht nichts aus.

Es quält, es macht Angst
und es zerstört das Leben.
Es macht Spaß, es spielt
und es bringt Macht.

Es heilt, ohne zu Heilen
und es vernichtet den Glauben.
Es bringt Angst, neue Gelüste
und es macht hemmungslos.

Es ist, wie es nicht sein soll
und es wird nie loslassen.
Es wird zur Gewohnheit, ständige Macht
und niemand, der es Stoppen mag.

FRAGE MICH!

Frage mich, was ich denke
und Du wirst erfahren, was ich glaube.
Frage mich, was ich fühle
und Du wirst erfahren, was ich weiß.

Frage mich, wer ich war
und Du wirst erfahren, wer ich bin.
Frage mich, was ich will
und Du wirst erfahren, was mir fehlt.

Frage mich, wer ich sein möchte
und Du wirst erfahren, was ich träume.
Frage mich, wie ich lebe
und Du wirst erfahren, was ich fühle.

Frage mich nichts
und ich werde erfahren, wo ich bin.
Frage mich alles
und ich werde erfahren, ob Du mein Freund bist.

SCHAUEND IN DIE AUGEN

Geheimnisse, die bedrücken
und die Angst des Verletzens.
Auge um Auge, die sich meiden
und die Gefahr des Erkennens.

Geheimnisse, die egal sind
und die Lust des Spielens.
Auge um Auge, die sich nähern
und die Gefühle des Fühlens.

Geheimnisse, die wünschen
und die Sehnsucht des Öffnens.
Auge um Auge, die sich fragen
und die Gefahr der Enttäuschung.

Geheimnisse, die lieben
und die Freiheit des Ichs.
Auge um Auge, die sich küssen
und die Gefahr, die keine ist.

DER KERN

Geboren als Kern ohne Hülle und ohne Schutz.
Weich und zerbrechlich und ohne Verstand,
alles rein und voller Gefühle.
Behütet und beschützt vor der Härte des Lebens.

Heranwachsen mit Liebe und Geborgenheit,
Bestätigung und Erfüllung der Wünsche.
Wachsen wird die Hülle in Weichheit und Vertrauensseeligkeit.
Der Kern wird erhärten und Schläge erteilen.

Leben als harter Kern mit weicher Hülle, denn Schutz war nie gebraucht.
Hart und unzerbrechlich und die Kälte des Verstandes,
alles kalt und ohne Gefühle.
Behütet und beschützt von der Schwäche des Lebens.

Heranwachsen ohne Liebe und Geborgenheit,
einsam und mit der Sehnsucht der Wünsche.
Wachsen wird die Hülle in Härte und Stärke.
Der Kern wird erweichen und verletzlich sein.

Leben als weicher Kern mit harter Hülle, denn Schutz war nie da.
Weich und zerbrechlich und die Wärme des Verstandes,
alles warm und voller Gefühle.
Behütet und beschützt von der Stärke des Lebens.

DAS LACHEN

Lachen als Baby
vor Freude und ohne Verstand.
Du lachst, es lacht
und die Welt ist in Ordnung.

Lachen als Kind
vor Schadenfreude und ohne Verständnis.
Es lacht, Du lachst
und kein Gedanke.

Lachen als Jugendlicher
vor Selbstsucht und ohne Mitleid.
Er lacht, Du lachst nicht
und der Zorn kommt über Dich.

Lachen als Suchender
vor Demütigung und mit Verstand.
Er lacht, Du weinst
und der Schmerz kommt über Dich.

Lachen als Liebender
vor Erwartung und mit dem Gefühl.
Er lacht, Du liebst
und das Glück kommt über Dich.

JAHRESZEITEN

Frühling und die Liebe der Natur.
Du fühlst und die Sehnsucht erwacht.
Fühlend der Natur, nach Wärme und Geborgenheit.
Es ist die Zeit der Liebe.

Sommer und die Hitze der Natur.
Die Triebe und Leidenschaft erwacht.
Fühlend der Natur, nach Hitze und Nähe.
Es ist die Zeit der Leidenschaft.

Herbst und die Depression der Natur.
Das Sterben und Trauer erwacht.
Fühlend der Natur, nach Schmerz und Vergessenheit.
Es ist die Zeit des Leidens.

Winter und die Kälte der Natur.
Der Tod und Denken erwacht.
Fühlend der Natur, nach Sorge und Verbundenheit.
Es ist die Zeit des Denkens.

Die Natur spürt den Lauf des Jahres
und sie lebt danach.
Der Mensch ist Teil der Natur und dessen Jahreszeiten,
aber der Winter kann auch im Sommer sein.

EGOISMUS

Schwach sein und Hilfe suchen,
verletzlich sein und Schutz ersehnen.
Geboren wird der Mensch als solcher
und er ist, wie er ist, aber wird er bekommen, was er braucht?

Verliebt sein und Liebe suchen,
gefühlvoll sein und Zärtlichkeit ersehnen.
Wachsen wird der Mensch als solcher
und er ist, wie er ist, aber wird er bekommen, was er braucht?

Enttäuscht sein und Hass suchen,
schmerzvoll sein und Kraft ersehnen.
Leben wird der Mensch als solcher
und er ist, wie er ist, aber wird er es verkraften, was er bekommt?

Aufgegeben sein und Tod suchen,
alleine sein und Rache ersehnen.
Nicht leben wird der Mensch als solcher
und er ist nicht, wie er ist und er wird es verkraften, was er bekommt.

Egoistisch sein und Vergeltung suchen,
egozentrisch sein und Schmerz verteilen.
Ignorieren wird der Mensch den Menschen als solchen
und er ist, wie er nicht ist und er wird überleben, egal was er bekommt.

DAS PARADOXON

Du spürst die Stärke und das Vertrauen in Dir
und Du wirst die Welt schlagen.
Du fühlst die Sehnsucht und Misstrauen in Dir
und die Welt wird Dich schlagen.

Aus Stärke wächst Schwäche
und aus Schwäche entsteht Stärke.
Stärke macht erfolgreich und bringt den Sieg.
Schwäche macht nutzlos und bringt die Niederlage.

Stärke ist Macht und die Kraft darüber zu stehen.
Schwäche ist Krankheit und der Schmerz darunter zu stehen.
Stärke ist Leben,
Schwäche ist Tod.

Stärke bekommt alles,
Schwäche bekommt nichts.
Du bist wer, Du hast was, wenn Du stark bist.
Du bist nichts, Du hast nichts, wenn Du schwach bist.

Doch das Leben hat zwei Welten
und der Mensch gespalten im Paradoxon.
Du selbst und die da draußen,
Stärke und Schwäche in Dir selbst und nach draußen.
Die wahre Stärke kommt aus der Schwäche des Sterbens
und stark ist, wer schwach ist.

DAS FLIEẞEN

Das Fließen des Lebens,
der Strom, der sich vorwärts bewegt und der Einzelne, der Teil des Ganzen ist.
Zu winzig und zu schwach und unbedeutend,
um auf das Ganze zu schauen und die Richtung zu dirigieren.

Das Fließen der Generationen,
der Strom, der sich vorwärts bewegt und der Einzelne, der Teil des Ganzen ist.
Zu unbewusst und zu unbedacht und träge,
um auf das Ganze zu achten und die Richtung zu bestimmen.

Das Fließen der Familie,
der Strom, der sich vorwärts bewegt und der Einzelne, der Teil des Ganzen ist.
Schlecht erzogen, weil schlecht umsorgt und Gewohnheit,
um nicht auf das Ganze einzugehen und die Richtung zu erziehen.

Das Fließen des Ichs,
der Strom, der sich nicht vorwärts bewegt und er selbst,
der sich nicht als Teil des Ganzen sieht.
Selbstsüchtig und leidenschaftlich und ohne Sinn,
um nicht zu begreifen, dass er das Ganze ist und die Richtung bestimmen könnte.

AMOR UND SEIN BOGEN

Amor und sein Bogen,
die Pfeile, die ihr Ziel verfehlen.
Du siehst es nicht und Du fühlst es nicht.
Die Welt dreht sich und Scheuklappen vor Deinen Augen.

Amor und sein Bogen,
die Pfeile, die ihr Ziel suchen.
Du siehst es nicht, aber Du fühlst es.
Die Welt dreht sich und Sehnsucht vor Deinen Augen.

Amor und sein Bogen,
der Pfeil, der sein Ziel findet.
Du siehst es und Du fühlst es.
Die Welt dreht sich und Liebe in Deinen Augen.

Amor und sein Bogen,
die Pfeile, die ihre Ziele treffen.
Du bist blind und ohnmächtig vom Fühlen.
Die bleibt stehen und Liebe in Euren Augen.

DIE WUT

Zufriedenheit und keine Sehnsucht,
keine Angst des Verlustes und die gerade Bahn des Lebens.
Der Wille ist beschränkt, weil Sehnsucht schläft,
das Nichtgewollte und der Schmerz entzünden Ärger aber keine Wut.

Glücklichkeit und Liebe,
die Angst des Verlustes und der Höhenflug des Lebens.
Der Wille ist betäubt, weil Sehnsucht träumt,
das Nichtgewollte und der Schmerz entzünden nichts und auch keine Wut.

Verlangen und Sehnsucht,
die Gewissheit, verloren zu haben und der Tiefenflug des Lebens.
Der Wille ist mächtig, weil Sehnsucht lebt,
das Nichtgewollte und der Schmerz entzünden Aggression und auch Wut.

Vergewaltigung und Hilflosigkeit,
die Gewissheit, Nichts zu verlieren zu haben und das Auf und Nieder des Lebens.
Der Wille ist zerstört, weil Sehnsucht tot,
das Nichtgewollte und der Schmerz haben Hass entzündet und die Wut entbrannt.

BRUNNEN DER OHNMACHT

Fallen in den Brunnen der Ohnmacht,
ohne Kraft und ohne Verstand im Ertrinken der Gefühle.
Kein Halt und niemand, der hält,
und der freie Fall bringt die Bewusstlosigkeit und niemand sieht es.

Ohnmächtig der, der sich den Gefühlen ergibt,
einsam der, der die andere Seite nicht kennt.
Kommt Liebe, kommt Erfolg und Ohnmacht wird zur Macht,
das Fallen hat ein Ende und Gefühle bringen Flügel.

Der Aufstieg nach oben und das Sonnen im Selbstbewusstsein,
nicht einsam, denn dies ist die andere Seite.
Kommt Gewohnheit, kommt der Alltag und die Macht wird nichts,
der Höhenflug hat ein Ende und Gefühle verschwinden.

Fallen in den Brunnen der Ohnmacht,
mit Kraft und mit Verstand im Ertrinken der Gefühle.
Kein Halt und niemand, der hält
und der freie Fall bringt Veränderung und jeder sieht es.

DIE TRAUER

Trauern um den Tod,
das Unwiederbringliche und die Angst um sich selbst.
Trauere um den Tod, aber nicht um den Toten, denn er braucht es nicht.
Trauere um den Tod, um Deiner selbst Willen und für das Heil Deiner Seele.

Trauern um das Vergangene,
die Erinnerung und den Schmerz Deiner selbst.
Trauere nicht um das Vergangene, denn Du brauchst es nicht.
Trauere um das, was kommen wird und
Du brauchst nicht um das Vergangene trauern.

Trauern um die Unmenschlichkeit,
das Leid und die Qualen anderer.
Trauere nicht um die Unmenschlichkeit, denn sie brauchen es nicht.
Trauere um das, was ist und es wird in der zukünftigen Vergangenheit
nicht mehr traurig sein.

Trauern um das Leben,
die Fehler und die Gefühle Deiner selbst.
Trauere um das Leben, denn es ist Dein und es ist traurig.
Erfahre was Trauern ist:
Es ist nicht der Tod, es ist das Leben.

DIE ERFÜLLUNG

Heulen vor Enttäuschung;
Sehnsüchte, die Erfüllung suchen
und ein Leben, das keines ist.
Das Leben ist hart und ungerecht, aber es ist Dein.

Weinen vor Sehnsucht;
Gedanken, die Erfüllung finden
und ein Leben, das träumen tut.
Das Leben ist grausam und gewaltig, aber es ist Dein.

Rufen vor Gedanken;
Liebe, die Erfüllung sucht
und ein Leben, das unglücklich macht.
Das Leben ist einsam und traurig, aber es ist Dein.

Schreien vor Liebe;
Gefühle, die Erfüllung finden
und ein Leben, das mehr ist als ein Leben.
Das Leben ist schön und glücklich und es wird Dein sein.

KOMMEN

Komme nicht zu Dir, komme nicht zu mir.
Mag Dich nicht, liebe Dich nicht und ich will Dich nicht sehen.
Ich denke nicht und ich träume nicht und ich will es auch nicht spüren.
Gehe es aus dem Weg und zeige, was nicht ist,
sei ehrlich und zeige, was Du denkst.

Komme zu Dir, bin bei Dir.
Mag Dich, liebe Dich und ich will Dich sehen.
Ich denke und träume, aber ich spüre es nicht.
Gehe auf es zu und zeige es,
entferne Dich und warte ab.

Komme zu mir, sei bei mir.
Mag mich, liebe mich und mag mich sehen.
Denke und träume und spüre es.
Lass es auf Dich zukommen und lasse es Dir zeigen,
entferne Dich nicht und warte nicht.

Aufeinander zugehen, beieinander sein.
Sich mögen, sich lieben und sich sehen,
miteinander Denken und Träumen und es spüren.
Geht aufeinander zu und zeigt es euch,
lasst die Hemmungen fallen und die Liebe wird siegen.

DER PFAD DES LEBENS

Erkennen und erkannt werden,
beschützen und beschützt werden,
jeder sehnt sich danach, doch keiner will es.
Das Misstrauen und der Schmerz ist in Dir und überall
und Leben ist nicht Leben, sondern wandeln auf dem Pfad ohne Meinung.

Achten und geachtet werden,
zeigen und gezeigt werden,
jeder strebt danach, doch keiner kann es.
Der Neid und die Missgunst ist in Dir und überall
und Leben ist nicht Leben, sondern rennen auf dem Pfad des Erfolges.

Mögen und gemocht werden,
Freund sein und Freund werden,
jeder braucht es, und er tut es.
Die Gegenseitigkeit und die Notwendigkeit ist in Dir und überall
und Leben wird zu Leben, Laufen auf dem Pfad der Freiheit.

Lieben und geliebt werden,
geben und nehmen, denken und fühlen,
jeder muss es haben, und keiner gibt es zu.
Die Sehnsucht und die Träume sind in Dir und überall
und Leben wird zu wahrem Leben, Gehen auf dem Pfad des Glücks.

ICH UND DU

Verachte mich, verachte Dich,
und wir kennen uns nicht, aber wir wissen nur zu gut voneinander.
Ich bin nichts und Du bist auch nichts.
Leben mit mir, leben mit Dir, ist der Tod auf Erden
und wir meiden uns.

Hasse mich, hasse Dich,
und wir kennen uns, aber wir wissen nicht voneinander.
Ich fühle das Schlechte und Du fühlst es auch.
Leben mit mir, leben mit Dir, ist die Hölle auf Erden
und wir bekriegen uns.

Hab mich gern, hab Dich gern,
und wir wollen uns kennen, aber wir wissen nicht voneinander.
Ich habe keine Angst vor Dir, Du hast keine Angst vor mir.
Leben mit mir, leben mit Dir, ist die Freiheit auf Erden
und wir suchen uns.

Liebe mich, liebe Dich,
und der Wunsch uns zu kennen, das Verlangen voneinander zu wissen.
Ich bin in Dir und Du bist in mir.
Leben mit mir, leben mit Dir, ist der Himmel auf Erden
und wir fühlen uns.

AHNUNGSLOS

Du kannst es nicht sehen, Du kannst es nicht hören,
aber Du fühlst es und Du kannst es nicht glauben.
Die Ahnung ist da, aber Du bist ahnungslos.

Du kannst es nicht sehen, aber Du kannst es hören,
und Du denkst es und Du kannst es nicht glauben.
Die Ahnung ist da, aber Du bist ahnungslos.

Du kannst es sehen und du kannst es hören,
und Du weißt es und Du kannst es glauben.
Du bist nicht mehr ahnungslos, aber Du hast keine Ahnung.

Du denkst, Du weißt es.
Du fühlst, es ist da.
Sehe und höre, denke und fühle,
und Du spürst die Ahnung in Dir, aber ich sage Dir,
Du bist ahnungslos.

Nichts ist, wie es scheint und Gefühle betrügen,
Gedanken verwirren und der Verstand ist verrückt.
Es ist, wie es ist und alles wird sein, wie es nicht ist.
Die Ahnungslosigkeit ist hier und überall, und keiner wird verschont.

GEIST IN DER REALITÄT

Ich fühle Hoffnung und ich verstehe Hoffnungslosigkeit.
Ich sehe Vertrauen und ich höre Misstrauen.
Ich bin gespalten in mich selbst
und ich weiß nicht, wem ich glauben kann.

Du weißt es und ich weiß, dass Du es weißt.
Du siehst es und ich fühle es.
Ich weiß nicht, was ich denken soll
und ich weiß nicht, wem ich trauen soll.

Was sagt mein Herz, soll ich ihm folgen?
Was sagt mein Verstand, kann ich die Gefühle bekämpfen?
Du kannst mitwirken, aber Du kannst es nicht beeinflussen
und Du bist Opfer Deiner selbst.

Keine Kraft, sich zu wehren.
Keine Chance, sich zu ergeben.
Du bist mitten drin und lässt es kommen.
Du gehst auf es zu,
aber Du wandelst als Geist in der Realität.

REVOLUTION

Gedanken, ungeliebt und abgestoßen zu werden,
den Schmerz und die Erniedrigung zu spüren
und die Sehnsucht der Liebe zu fühlen.
Die Revolution beginnt in den Gedanken des Fühlens.

Sehnsüchte, geliebt und nicht abgestoßen zu werden,
die Gefühle und das Glück zu spüren
und die Gedanken der Liebe zu finden.
Die Revolution läuft in den Gefühlen der Gedanken.

Gefühle, lieben zu können und nicht abstoßen zu brauchen,
die Liebe und die Nähe zu spüren
und das Verlangen der Liebe zu schaffen.
Die Revolution ist sichtbar und Veränderungen, die den Rückzug versperren.

Enttäuschungen, nicht geliebt und abgestoßen zu werden,
die Einsamkeit und die Zerstörung zu spüren
und die Gewissheit, tot zu sein.
Die Revolution ist zu Ende und die Gewissheit verloren zu haben.

JEMAND SEIN

Schaue nach mir, Sorge Dich um mich.
Ich bin wichtig für Dich.
Es ist schön, ein Jemand zu sein
und zu wissen, nicht einsam zu sein.

Schaue nach Dir, Sorge mich um Dich.
Du bist wichtig für mich.
Es ist schön, ein Jemand zu haben
und zu wissen, nicht alleine zu sein.

Schaue nicht nach mir, Sorge Dich nicht um mich.
Ich bin unwichtig für Dich.
Es tut weh, ein Niemand zu sein
und zu wissen, einsam zu sein.

Schaue nicht nach Dir, Sorge mich nicht um Dich.
Du bist unwichtig für mich.
Es tut nicht weh, einen Niemand zu haben
und zu wissen, egal zu sein.

FÜ HLE MICH ...

Hasse mich und ich weiß, Du fühlst mich.
Ich weiß, ich bin wichtig für Dich,
weil Du über mich Denken und Fühlen tust.
Ich bin Dir nicht egal, weil Du mich meiden tust.

Verachte mich und ich weiß, Du fühlst mich.
Ich weiß, ich bin wichtig für Dich,
weil Du über mich Denken aber nicht Fühlen tust.
Ich bin Dir nicht egal, weil Du über mich Denken tust.

Liebe mich und ich weiß, Du fühlst mich.
Ich weiß, ich bin wichtig für Dich,
weil Du über mich Denken und Fühlen tust.
Ich bin Dir nicht egal, weil Du mich Lieben tust.

Ignoriere mich und ich weiß, Du fühlst mich nicht.
Ich weiß, ich bin unwichtig für Dich,
weil Du nicht über mich Denken und Fühlen tust.
Ich bin Dir egal, weil ich ein Niemand für Dich bin.

SCHAUEN

Schauen auf die Gestalt,
ein gutes Gefühl und die Freude sich zu nähern.
Schauen auf das Gesicht,
ein schönes Gefühl und der Wunsch sich zu nähern.
Schauen in die Augen,
ein knisterndes Gefühl und die Sehnsucht sich zu nähern.
Schauen auf die Hände,
ein bebendes Gefühl und die Liebe sich zu berühren.

Schauen auf die Gestalt,
kein gutes Gefühl und die Angst sich zu nähern.
Schauen auf das Gesicht,
kein schönes Gefühl und das Verstecken seiner Gefühle.
Schauen in die Augen,
kein knisterndes Gefühl und die Panik entdeckt zu werden.
Schauen auf die Hände,
kein bebendes Gefühl und das Grauen vor der Berührung.

DIE ZEIT

Der Tag, die Finsternis der Realität.
Es ist die Zeit des Karnevals und des Schutzes.
Tier sein und die Schwächen zu verbergen.
Gefühle und Sehnsüchte unter der Maske des Starken zu verstecken.

Die Nacht, das Licht der Träume.
Es ist die Zeit der Wahrheit und der Gefühle.
Mensch sein und die Schwächen zu zeigen.
Gefühle und Sehnsüchte freizulegen und das Verlangen nach Leben.

Der Morgen, das Grauen vor der Realität.
Es ist die Zeit des Einschlafens und der Angst.
Der Schmerz nicht mehr Mensch sein zu dürfen,
die Maske anzuziehen und nicht mehr zu sein, wer man ist.

Der Abend, die Freude vor dem Träumen.
Es ist die Zeit des Erwachens und der Gedanken.
Das Glück nicht mehr Tier sein zu müssen,
die Maske fallen zu lassen und sein zu dürfen, wer man ist.

DIE SEELE

Schmerzen, die die Seele betrüben,
Schläge, die die Gefühle verwirren.
Betrübt und verwirrt sein
und zu wissen, dass es einen schlecht geht.

Worte, die die Seele betäuben,
Gedanken, die die Gefühle erschlagen.
Betäubt und erschlagen sein
und zu fühlen, dass man nichts ist.

Taten, die die Seele bedrücken,
Geschehnisse, die die Gefühle töten.
Bedrückt und tot sein
und zu denken, dass man nicht da ist.

Freude, die die Seele heilt,
Liebe, die die Gefühle besinnen.
Geheilt und besinnt sein
und zu erfahren, dass man jemand ist.

WER BIN ICH?

Scheiße, die lebt.
Weißt Du wie es ist, Scheiße zu sein?
Dreck, der atmet.
Weißt Du wie es ist, sich dem Dreck unwürdig zu fühlen?

Kackelaken, die denken.
Weißt Du wie es ist, wenn Staubkörner denken?
Abfall, der fühlt.
Weißt Du wie es ist, die Müllkippe im Herzen zu haben?

Trauer ist scheiße.
Mitleid ist dreckig.
Leben ist Schmutz
und Lieben ist Abfall.

Wer bin ich? Scheiße!
Was bin ich? Dreck!
Wie fühle ich mich? Wie eine Kackelake!
Was denke ich? Wie eine Müllkippe!

WARUM STERBEN?

Frage mich nicht, denn ich frage Dich nicht.
Denke nicht an mich, denn ich denke nicht an Dich.
Mag mich nicht, denn ich mag Dich nicht.
Liebe mich nicht, denn Du bist mir egal.

Hasse mich, denn ich weiß nicht, wer Du bist.
Schlage mich, denn ich weiß nicht, was Du fühlst.
Verletze mich, denn Du weißt, wer ich bin.
Zerstöre mich, denn Du weißt, ich liebe Dich.

Ich bin egal, weil Du nicht egal bist.
Ich bin nichts, weil Du viel bist.
Ich bin niemand, weil Du jemand bist.
Ich bin verloren, weil ich Dich liebe.

Habe Wut, habe Angst
und schlage um Dich.
Warum sterben, wenn Du bereits tot bist?

EGALO PAPAGALLO

Egalo Papagallo; sein ist nicht sein
und Denken ist Sterben.
Egalo Papagallo; hier oder nicht hier zu sein
und Fühlen ist Tod.

Egalo Papagallo; ich oder ich nicht zu sein
und Leben ist Nichts.
Egalo Papagallo; glücklich oder verletzt zu sein
und Lieben ist Luft.

Egalo Papagallo; denn Alles ist Egalo Papagallo
und Nichts ist wichtig.
Warum Atmen, warum Fühlen, warum Denken?
Egalo Papagallo!

Das Leben ist so
und ich bin:
Egalo Papagallo.

WENN ICH STERBE

Wenn ich sterbe, werde ich Freunde haben,
aber ich werde keine brauchen.
Sie sind da und doch werde ich einsam sein.
Und kein Freund wird es wagen, in meine Welt des Sterbens eintauchen zu wollen,
um bei mir zu sein.

Wenn ich sterbe, werde ich Liebe haben,
aber ich werde keine brauchen.
Sie wird da sein und doch werde ich alleine sein.
Und keine Liebe wird es wagen, die Welt des Lebens zu verlassen,
um bei mir zu sein.

Wenn ich gestorben bin, werde ich Anerkennung haben,
aber ich werde keine brauchen.
Ich werde mehr sein, als ich je war.
Aber wem wird es nützen?
Ich werde nicht da sein und ich werde es nicht sehen.

Wenn ich gestorben bin, werde ich Mitgefühl haben.
Ich würde mich danach sehnen, aber ich werde es nicht brauchen.
Ich werde mehr Liebe spüren, als ich je bekam.
Aber wem wird es nützen?
Ich werde nicht spüren, wie es gegeben wird;
und warum bringt mir Alles der Tod, was ich im Leben gebraucht hätte?

WIR

Brauche mich, benutze mich
und tue mit mir, was immer Du willst.
Bist Du Freund oder bist Du Feind?
Und ich weiß, ich werde es nicht merken.

Brauche Dich, benutze Dich
und tue mit Dir, was immer ich will.
Bin ich Freund oder bin ich Feind?
Und ich weiß es, aber Du wirst es nicht merken.

Brauche Dich, brauche mich, benutze Dich, benutze mich
und tue niemals mit Dir, was immer ich will.
Soll ich wirklich fragen, ob ich Freund oder ob ich Feind bin?
Du weißt es, ich weiß es und wir werden es merken.

Gemeinsamkeiten verbinden,
Gegensätze ziehen sich an
und Freundschaft bringt Leben,
Vertrauen bringt Liebe.

DU UND ICH

Ich sehe Dich und ich weiß, Du gefällst mir.
Die Angst und der Schutz
und die Gewissheit, Dich aus den Augen zu verlieren.
Leben, das dem Schicksal folgt.

Ich kenne Dich und ich weiß, ich mag Dich.
Die Freude und die Freundschaft
und die Gefahr, dass sich meine Gefühle entwickeln.
Leben, das Freiheit bringt.

Ich fühle Dich und ich weiß, ich liebe Dich.
Die Sehnsucht und das Verlangen
und die Angst, enttäuscht zu werden.
Leben, das Gefühle bringt.

Du ignorierst mich und Du weißt, ich liebe Dich.
Der Schmerz und die Qualen
und die Ahnung, sterben zu müssen.
Leben, das Hoffnung bringt.

WAS BIN ICH

Ich denke die Gedanken meines Lebens
und ich weiß, dass ich sterben werde.
Keine Angst, keine Furcht und es macht mir nichts aus.
Mein Leben hat mehr vom Tod als der Tod selbst.

Ich fühle die Gefühle meiner Träume
und ich weiß, dass ich verloren habe.
Angst, Furcht und es macht mir etwas aus.
Meine Träume haben mehr vom Leben als das Leben selbst.

Ich spüre die Berührungen meiner Sehnsüchte
und ich weiß, dass ich es vermissen werde.
Angst, Furcht und es macht mir viel aus.
Meine Sehnsüchte haben mehr vom Sterben als das Sterben selbst.

Ich atme den Atem meiner Hoffnung
und ich weiß, dass es keine gibt.
Keine Angst, keine Furcht und es ist mir egal.
Meine Hoffnung hat mehr vom Nichts als das Nichts selbst.

DIE SEITEN DES LEBENS

Wer auf der hellen Seite des Lebens steht,
wird sich nach der dunklen Seite sehnen.
Liebe, Erfolg und alles, was das Herz begehrt,
aber nicht die Tiefe der Hölle, um zu spüren, was schön ist.

Wer auf der dunklen Seite des Lebens steht,
wird sich nach der hellen Seite sehnen.
Schmerz, Hunger und nichts, was das Herz begehrt,
aber die Tiefe der Hölle, um zu wissen, was schön ist.

Oben zu sein, ohne zu wissen, was unten ist,
ist schlimmer als unten zu sein.
Oben zu sein und zu wissen, was unten ist,
wird das wahre Leben sein.

Leben und Gefühl ist der Marsch
von der dunklen zur hellen Seite des Lebens.
Tod und Schmerz ist die Bequemlichkeit
auf der hellen Seite, niemals die dunkle Seite zu besuchen.
Wer sein Leben lang blind ist, wird nicht wissen, was Sehen ist.

DER KREIS

Einsam sind die Nächte,
verliebt das Träumen,
grausam das Verlangen
und unerträglich die Sehnsucht.
Es ist nicht gut, wenn die Nacht kommt.

Beängstigend ist der Morgen,
enttäuscht von der Nacht,
unerbittlich die Sonne
und schmerzhaft die Erinnerung.
Es bringt keinen Sinn, wenn der Morgen kommt.

Frustrierend ist der Tag,
bedrückt die Seele,
hämmernd die Gewissheit
und sterbend die Gefühle.
Es gibt kein Ziel, wenn der Tag kommt.

Bedenklich ist der Abend,
krank die Seele,
verwirrt der Verstand
und liebende Sehnsüchte.
Der sinnlose Kreis schließt sich, wenn der Abend kommt.

DER HORIZONT

Lichter am Horizont und die Illusion des Lichtes.
Wenn es dunkel wird und die Sinne verblassen,
werden hoffnungsschimmernde Funken zu Sonnen der Hoffnung.
Tief sitzt der Schmerz und vergessen ist nicht.

Liebe am Horizont und die Illusion der Gedanken.
Wenn Gewissheit die Sinne zerstören,
werden die Lichter der Hoffnung für immer untergehen.
Das Herz ist zerfetzt und hoffen ist nicht.

Der Faden am Horizont und die Illusion der Rettung.
Wenn Schmerz die Sinne tötet,
wird das Leben die Kraft des Überlebens verlieren.
Wandeln ohne Ziel und lieben ist nicht.

Der Tod am Horizont und die Illusion der Flucht.
Wenn Leere die Sinne begräbt,
wird der Kreislauf der Sinnlosigkeit sich schließen.
Kriechen ohne Ausweg und leben ist nicht.

DER FEHLER

Peinlichkeit und die Gewissheit des Fehlers.
Gedanken, die Wünschen und die Angst der Unüberwindlichkeit.
Es ist alles in Ordnung und Hemmungen bewahren das Leben.
Leben ohne Schmerz, Leben ohne Erfüllung und das Glück, das keines ist.

Gefühle und der Moment des Handelns.
Taten, die Erfüllen und die Kraft des Unbewussten.
Ein Fehler und Hemmungen bringen Schmerz.
Leben mit Schmerz, Leben mit Erfüllung und der Wunsch nach mehr.

Depressionen und Gedanken der Schuld.
Gefühle, die Erschlagen und das Bewusstsein des Falschen.
Normalität wird wiederkehren und Hemmungen werden Schützen.
Leben mit Schmerz, Leben ohne Erfüllung und die Erfahrung der Wünsche.

Sehnsüchte und die Wege des Fehlers.
Leben, das bedrückt und kein Weg führt zurück.
Die Ausnahme wird zur Normalität und Hemmungen schwinden.
Leben mit Schmerz, Leben mit Erfüllung und das Unglück, das keines ist.

DIE MAUER

Mauer des Schweigens
Nichts Sehen, nichts Hören und das Unrecht.
Der Wille ist ohnmächtig und die Kraft zerstört.
Unrecht wird siegen und Liebe wird sterben.

Mauer des Redens
Viele Worte, viele Gedanken und die Wahrheit.
Der Wille ist willig und die Kraft fehlt.
Wahrheit wird siegen und es wird nichts passieren.

Mauer der Liebe
Große Gefühle, große Sehnsüchte und die Erwiderung.
Der Wille ist betäubt und die Kraft hat Angst.
Die Erwiderung wird siegen und Liebe wird schmerzen.

Mauer des Handelns
Schweigen, Reden und die Liebe.
Der Wille ist stark und die Kraft wächst.
Das Leben wird siegen und Liebe wird leben.

WORTE

Worte, die nichts sagen;
Hören ist Zeitverschwendung, Denken ist unnütz.
Die Bedeutung, die keine ist und die Frage, warum sie gesprochen werden.
Kein Gewicht und Schweigen ist Gold.

Worte, die Spaß machen;
Hören ist Musik, Denken ist überflüssig.
Die Bedeutung, die froh ist und der Spaß, sie zu sprechen.
Kein Gewicht und Reden ist Silber.

Worte, die Liebe fühlen;
Hören ist Leben, Denken ist unnötig.
Die Bedeutung, die lieb ist und die Gefühle, sie zu sprechen.
Großes Gewicht und Reden ist Gold.

Worte, die Schmerz entzünden;
Hören ist Qual, Denken ist notwendig.
Die Bedeutung, die Tod bringt und die Überwindung, sie zu sprechen.
Großes Gewicht und Reden ist Platin.

NOCH MEHR GEGENSÄTZE

Ein Kind, das erwachsen ist.
Ein Erwachsener, der Kind ist.
Was es nicht so alles gibt im Leben!
Mach die Augen auf und Du wirst sehen, dass es so was gibt.

Schönheit, die hässlich ist. Hässlichkeit, die schön ist.
Hass, der Liebe ist. Liebe, die Hass ist.
Was es nicht so alles gibt im Herzen!
Mach das Herz auf und Du wirst spüren, dass es so was gibt.

Dummheit, die klug ist. Klugheit, die dumm ist.
Wissen, das unwissend ist. Unwissenheit, die wissend ist.
Was es nicht so alles gibt im Verstand!
Mach den Verstand auf und Du wirst wissen, dass es so was gibt.

Fragen, die Antworten sind. Antworten, die Fragen sind.
Alles, was nichts ist. Nichts, was alles ist.
Und die beklemmende Frage, wer ist hier der Verrückte?
Der, der liest oder der, der schreibt?
Worte sind Worte, aber was sind Gedanken?

GEGENSÄTZE

Der Unsinn, der Sinn macht.
Der Schwachsinn, der Freude macht.
Der Spaß, der ernst ist.
Der Tod, der Leben ist.

Gegensätze, die verrückt sind
und die Gewissheit, Sehen zu können und doch eigentlich blind zu sein.
Gegensätze, die krank sind
und die Gewissheit, Hören zu können und doch eigentlich taub zu sein.

Anwesend sein, gerade weil man abwesend ist.
Hassend sein, gerade weil man liebend ist.
Froh sein, gerade weil man deprimiert ist.
Gesund sein, gerade weil man krank ist.

Gegensätze, die unheimlich sind
und das Gefühl blind zu sein, obwohl man Sehen kann.
Gegensätze, die mystisch sind
und das Gefühl taub zu sein, obwohl man Hören kann.
Gegensätze, die gegensätzlich, aber doch gleich sind.

SCHÖNHEIT

Wahre Schönheit kommt von Innen.
Doch wer nicht zeigt, wird nicht erkannt werden.
Die Angst erkannt zu werden
ist die Mauer, die wahre Schönheit verwelken lässt.

Geile Schönheit kommt von Außen.
Doch der Körper ist dem Treiben der Zeit unterworfen.
Zeige was Du hast, solange Du es noch hast.
Jeder möchte die Blüte bewundern, bis sie verwelkt ist.

Fühlende Schönheit geht nach Innen.
Der Eine wird es mögen, der Andere wird es meiden.
Es spielt keine Rolle, denn Du wirst es nicht verstehen, aber Du wirst es Fühlen.
Schmerz ist auch eine Schönheit, weil er Leben gibt.

Lebende Schönheit geht nach Außen.
Jung sein und etwas schön finden, was sehr alt ist,
ist das überhaupt möglich?
Zeige, wer Du bist und was Du willst.
Tue was Du für richtig hältst und Du wirst auch im Alter schön sein.

LEBE!

Spürst Du die Pein und das Gelächter
und die Lust eines jeden, Dein Herz zu zerfetzen?
Fühlst Du die Stärke eines jeden,
die auf Dich hämmert und eigentlich nur Schwäche ist?

Denkst Du die Ohnmacht Deines Wollens
und die Unfähigkeit Deiner selbst, im eigenen Willen zu handeln?
Hörst Du den Widerstand gegen Dich
und die Impertinenz eines jeden, Dich nicht Dich selbst sein zu lassen?

Die Angst erdrückt Dich, denn sie beschützt Dich.
Doch überwinde die Angst und Du wirst Dein Leben überwinden.
Lasse jeden Schmerz zu und wehre Dich nicht.
Nimm es in Dich auf und lasse Dich in den Brunnen der Ohnmacht fallen.

Deine Stärke wird sein, was eines jeden Schwäche ist.
Der Schutz vor der Schwäche, wird Dir die Macht über die Stärke geben.
Sei umsichtig, aber lasse Dich nicht abbringen
auf dem Weg Deines Schicksals und Wille wird Macht.
Leben ist nicht Leben der Vorstellung, sondern Leben aus dem Schicksal.

ES IST DIE ZEIT

Wenn Träume verschwimmen,
wenn die Nacht zum Tag wird
und der Pool der Gefühle erschöpft ist,
dann ist die Zeit des Verlierens und wer nicht aufpasst, verliert sich selbst.

Wenn Gedanken abstumpfen,
wenn Ziele unwichtig werden
und der Pool der Gedanken leer ist,
dann ist die Zeit des Sterbens und wer nicht aufpasst, lebt nie mehr auf.

Wenn Liebe lieblos wird,
wenn rosa zu schwarz wird
und der Pool der Sehnsüchte versiegt ist,
dann ist die Zeit des Todes und wer nicht aufpasst, wird endlos versinken.

Begib Dich auf die Suche nach dem Inhalt Deines Lebens.
Bist Du leer, dann fülle Dich, auch wenn es schwer fällt.
Sind Ziele verloren, finde neue, auch wenn sich Dein Ich dagegen wehrt.
Nutze die Freiheit und Kraft, die aus der Tiefe der Ohnmacht entstanden ist
und Leben wird zu neuem Leben erwachen.

DIE ERBFOLGE

Gedanken, die zu Träumen werden.
Träume, die zu Gefühlen werden.
Gefühle, die zu Gedanken werden.
Gedanken, die Dich verändern und Taten, die die Welt verändern.

Der Ursprung eines jeden Gedankens
ist der Wunsch.
Der Ursprung eines jeden Gefühls
ist die Sehnsucht der Erfüllung des Wunsches.

Wissen, das zu Gedanken wird.
Gedanken, die zur Erkenntnis werden.
Erkenntnisse, die zu Sehnsüchten werden.
Sehnsüchte, die Dich verändern und Taten, die Andere verändern.

Der Ursprung des Wissens
ist die Neugier.
Der Ursprung der Erkenntnis
ist die Sehnsucht der Erfüllung der Neugier.

Kümmere Dich, um alles, was Dir wichtig ist,
auch wenn Du nicht dazu gefragt wirst.
Kümmere Dich, entgegen jeden Widerstand
und man wird sich auch um Dich kümmern.

DAS ERSTE, DAS BESTE

Der erste Gedanke, ist ein guter Gedanke,
weil er frei von Zweifeln ist.
Lasse den ersten Gedanken Veränderung schaffen
und Du wirst zufrieden sein, denn Denken kann auch Zweifeln sein.

Das erste Gefühl, ist ein gutes Gefühl,
weil es frei von Gedanken ist.
Lasse das erste Gefühl Beziehung schaffen
und Du wirst glücklich sein, denn Gefühle können auch betrügen.

Der beste Gedanke ist die Spontaneität,
weil kein Anderer wie nur Du dieser Gedanke bist.
Das beste Gefühl ist der erste Eindruck,
weil kein Anderer wie nur Du dieses Gefühl bist.

Gebe Vertrauen, um Freunde zu finden.
Bewahre Vertrauen, um Freund zu sein.
Vergesse aber nicht, dass Du auch Dir vertrauen musst
und jeder wird sehen, dass Du nicht Feind bist.

Alles, was man in Dir sieht,
sind die Gedanken, die zu Worten werden.
Doch Alles was Du bist, sind Gefühle, die zu Gedanken werden.

TUE WAS

Beten um Gerechtigkeit,
Knien um Gnade,
Singen um Befreiung
und kein Gott, keine Kirche, die Dir helfen kann.

Wissen über das Unrecht,
Denken über die Schande,
Fühlen über die Leiden
und keine Liebe, kein Freund, der Dir helfen kann.

Schweigen über das Vergangene,
Reden über das Gegenwärtige,
Schreien über das Zukünftige
und kein Ich, kein Du, der Dir helfen möchte.

Wenn Ignoranz Dein Leben zerstört,
wirst Du durch ignorieren Leben zerstören.
Wenn Handeln Dein Leben bestimmt,
wirst Du durch Dein handeln Leben bestimmen.

Fühle die Gefühle der Zeit,
Wisse das Wissen Deiner Gefühle
und Denken darf nicht der Weisheit letzter Schluss sein, denn es fehlt das Handeln.

ICH LIEBE DICH

Ich liebe Dich!
Dich und Deine Augen,
Dich und Deine Berührung,
Dich und Dein Vertrauen.

Ich mag Dich!
Dich und Deine Gedanken,
Dich und Deine Taten,
Dich und Deine Worte.

Ich hasse Dich!
Dich und Deine Gestalt,
Dich und Deine Vergangenheit,
Dich und Dein Misstrauen.

Du bist mir egal!
Du und Deine Gegenwart,
Du und Deine Zukunft,
Du und der, den ich nicht kennen möchte.

Wenn Du mich nicht lieben kannst, dann mag mich.
Wenn Du mich nicht mögen kannst, dann hasse mich.
Aber lasse nicht zu, dass ich Dir egal bin, denn sonst wirst Du mir egal sein.

WÖRTERBUCH

Ignoranz — vergesse mich,
Impertinenz — verrate mich,
Insubordination — erschlage mich
und die Frage, was ist „IN"?

Konzentration — denke an mich,
Konfrontation — rede mit mir,
Kompromiss — lebe mit mir
und die Frage, was ist „OUT"?

Komme zu mir — Sehnsucht,
Komme zu Dir — Verlangen,
Bleibe bei mir — Träumen,
Bleibe bei Dir — Liebe
und die Frage, was willst Du?

Worte, die nichts sind,
Gedanken, die die Welt bedeuten.
Gefühle, die alles sind
und die Frage, wie lautet die Frage?

GUT UND BÖSE

Traue Dich, habe Mut.
Zerfetze mich, töte mich.
Traue Dich es zu tun und es wird Sinn machen.

Glaube Dir, habe Kraft.
Vernichte mich, erschlage mich.
Glaube Dir es zu tun und es wird gut werden.

Vertraue Dir, habe einen Willen.
Benutze mich, missbrauche mich.
Vertraue Dir es zu tun und es wird Macht geben.

Liebe Dich, habe Selbstvertrauen.
Mag mich, liebe mich.
Liebe Dich es zu tun und es wird Glück bringen.

Was ist Gut und was ist Böse?
Was ist Recht und was ist Unrecht?
Was ist Moral und was ist Unmoral?

Du und Dein Leben,
Du bist nicht ich und Du musst denken, was Du denkst.
Ich und mein Leben,
ich bin nicht Du und ich muss fühlen, was ich fühle.

Nur wenn ich und Du das Gleiche brauchen,
das Ähnliche denken und das Besondere fühlen,
werde ich Du sein und Du wirst ich sein.

VERTRAUEN

Hoffnung, die hoffnungslos ist,
weil Denken Vertrauen braucht.
Höre auch das, was Du nicht hören willst.

Liebe, die lieblos ist,
weil Fühlen Erwiderung braucht.
Fühle auch das, was Du nicht fühlen willst.

Glauben, das ungläubig ist,
weil Gedanken Bestätigung brauchen.
Glaube auch dem, dem Du nicht glauben willst.

Warum Tun, was Du nicht willst?
Warum Haben, was Du nicht willst?
Warum Fühlen, was Du nicht willst?

Schöpfe die Erkenntnis aus dem,
was Du nicht willst
und leite Dein Leben aus dem,
was Du willst.

Doch Du musst Du sein,
und dem vertrauen, was Dein Du sagt.
Sein Denken nach dem Denken der anderen zu richten,
wird Dir Vertrauen geben, missbraucht zu sein.

WEHRE DICH

Keine Luft und der Atem erstickt.
Der Instinkt zu atmen, auch wenn keine Luft mehr da ist.
Der Körper wehrt sich, obwohl er verloren hat.

Keine Liebe und die Gefühle ersticken.
Die Sehnsucht zu fühlen, auch wenn keine Liebe mehr da ist.
Das Herz wehrt sich, obwohl es verloren hat.

Keine Ziele und die Gedanken ersticken.
Das Verlangen zu denken, auch wenn keine Gedanken mehr da sind.
Der Verstand wehrt sich, obwohl er untergegangen ist.

Keine Träume und der Mensch erstickt.
Die Liebe zu träumen, auch wenn keine Träume mehr da sind.
Der Mensch wehrt sich, obwohl er gestorben ist.

Was ist wichtig, was ist unwichtig?
Was ist Leben und was ist Sterben?
Was ist Körper und was ist Geist?

Der Körper hat, was der Geist nicht hat
und jeder wird es ignorieren:
Unsichtbarer Tod und doch Leben.

Der Geist hat, was der Körper nicht hat
und niemand wird es ignorieren:
Sichtbarer Tod und auch kein Leben.

ES IST NICHTS

Wenn das Nichts nicht normal ist,
und doch Gewohnheit geworden ist,
entsteht die Frage nach dem Sinn des Nichts.

Wenn der Schmerz nicht normal ist,
und doch alltäglich geworden ist,
entsteht die Sehnsucht nach dem Nichts.

Wenn Gefühle nicht normal sind,
und doch allgegenwärtig geworden sind,
entsteht die Unabwendbarkeit des Schmerzes.

Wenn Gedanken nicht normal sind,
und doch immer während geworden sind,
entsteht die Antwort nach dem Sinn des Nichts.

Normal ist, was nicht normal ist.
Was nicht normal ist, wird normal sein,
aber es wird das Leben zerstören.
Fragen, die nach Hilfe schreien,
Antworten, die nach dem Tod betteln.

DAS TIER IM MENSCHEN

Wenn Lichter erloschen sind,
und die Suche nach dem Licht in der Dunkelheit untergegangen ist,
wird Gehen zur Qual und leidend wird der Weg der Finsternis.

Wenn Gedanken Wahrheit werden,
und die Erkenntnis, dass Wahrheit Schmerz bedeuten kann,
wird Stehen zur Folter und unüberwindlich wird der Weg des Verstandes.

Wenn Gefühle betrogen werden,
und die Einsicht, dass Gefühle Pein bedeuten können,
wird Liegen zur Grausamkeit und schmerzend wird der Weg des Herzens.

Wenn das Nichts erwachen wird,
und die Suche nach allem im Nichts untergegangen ist,
wird Sterben zur Erlösung und befreiend der Weg, der keiner mehr ist.

Es ist manchmal nicht einfach, Mensch zu sein.
Nicht einfach und beschwerlich ist die Bürde
eines Menschen, Gedanken zu fühlen.
Wenn die Seele stirbt, wird der Mensch sterben
und alles, was übrigbleiben wird, wird das Tier sein.

WAS SOLL DAS?

Wenn Hoffnung erstickt ist
und die Freiheit zu Denken gestorben ist,
wird Liebe zu einem Gefühl,
das keiner will.

Wenn es keinen Ausweg gibt
und Sehnsucht das Herz zerbricht,
wird Liebe zu einer Erfahrung,
die schlimmer ist als die Ahnung.

Wenn Leidenschaft verwelkt ist
und die Gedanken zu lieben vergessen sind,
wird Liebe zu einem Leben,
das den Schmerz verhilft zum Beben.

Wenn alles verloren scheint
und nichts mehr in einem weint,
wird Liebe nicht mehr Liebe sein,
und Leben wird zur Pein.

Ja, wenn das Wörtchen „wenn" nicht wäre,
dann wäre ich nicht hier
und Du wärst nicht dort.
Wenn es nicht wäre,
würde Liebe Liebe sein
und das Leben wäre fein.

Doch es ist, wie es ist
und Leben ist Leben,
auch wenn es wegen dem „wenn" kein Leben ist,
weil Liebe das Leben frisst.

WO BLEIBT DER SINN?

Ich liebe Dich und Du mich nicht.
Ich vermisse Dich und Du mich nicht.
Ich fühle für Dich und Du nicht für mich.
Ich denke an Dich und Du nicht an mich.

Hat das einen Sinn?
Das Herz zerbricht, die Liebe schmerzt
und Träume werden leer.

Du denkst an mich und ich nicht an Dich.
Du fühlst für mich und ich nicht für Dich.
Du vermisst mich und ich nicht Dich.
Du liebst mich und ich nicht Dich.

Hat das nun einen Sinn?
Die Herzen zerbrechen, die Liebe schmerzt
und die Träume sind noch immer leer.

Ich denke immer noch an Dich und Du denkst nun auch an mich.
Ich fühle immer noch für Dich und Du fühlst nun auch für mich.
Ich vermisse immer noch Dich und Du vermisst nun auch mich.
Ich liebe immer noch Dich und Du liebst nun auch mich.

Könnte das vielleicht einen Sinn haben?
Kein Herz zerbricht mehr, keine Liebe schmerzt mehr
und keine Träume sind mehr leer.

Wenn es das ist, was ich brauche;
wenn es das ist, was ich will,
dann weiß ich auch, was Sinn hat.

Ich gebe Dir, wenn Du mir gibst.
Du gibst mir, wenn ich Dir gebe.
Nehmen hat was vom Geben
und Geben ist wahrlich mehr als Nehmen.

Und der Sinn kommt, wenn der Unsinn geht.
Logisch, aber eigentlich doch unlogisch.

Und darum ...

Liebe kann nur Liebe sein,
wenn Liebe Liebe ist.
Aber wer kann das verstehen?

KANN ES SEIN?

Fühlen, dass es sein könnte;
Denken, dass es nicht sein kann;

Erfahren, dass es sein muss;
Träumen, dass es schön sein könnte;

Wissen, dass es nicht ist;
Empfinden, dass es nie sein wird;

und das Blöde daran:
das was wichtig ist,
eigentlich nur Blödsinn ist.

Sinnig oder unsinnig,
das ist mehr die Frage,
als Sein oder nicht Sein.

Denn hast Du alles,
wirst Du es vermissen.
Hast Du nichts,
wirst Du es vergessen.

Und schon wieder die Frage nach dem Sinn oder dem Unsinn
und den Widersprüchen, die keine sind.

Es ist eben, wie es ist
und ändern ist unmöglich.

Wird es nicht sein, wie es ist,
wird es anders sein
und doch bleiben, wie es ist.

Und schon wieder die Frage nach dem Sinn oder dem Unsinn
und der Liebe, die keine ist.

BETRUG UND LÜGE

Betrüge Deine Liebe,
belüge Dein Leben
und täusche Dich selbst:
Leben wird angenehm sein
und es wird täuschend,
aber nicht echt sein.

Sei ehrlich zu Deiner Liebe,
sei aufrichtig zu Deinem Leben
und enttäusche Dich selbst:
Leben wird unangenehm sein
und es wird wahr,
aber schmerzlich sein.

Und das irrsinnige daran,
wird das sinnige darin sein:
Sei schlecht und es wird Dir gut gehen.
Alles wird getäuscht und nichts wird schmerzen.
Sei gut und es wird Dir schlecht gehen.
Nichts wird getäuscht und alles wird schmerzen.

Schlage zu, bevor Du geschlagen wirst.
belüge, bevor Du belogen wirst
und betrüge, bevor Du betrogen wirst.

Und wenn Du nicht halt machst vor Dir selbst,
wirst Du denken,
dass Betrug aufrichtig ist
und Lügen wahr sind.

Nichts vermissen, nichts ersehnen, nichts denken,
nichts fühlen und auch nichts lieben
und die Welt wird Dir zu Füssen liegen.

Belüge Dich, Deine Liebe und Dein Leben;
betrüge Dich, Deine Liebe und Dein Leben
und Du wirst es nicht erfahren,
dass Du Dich selbst betrogen und belogen hast.

Und Mensch sein, wird Belügen sein;
Freund sein, wird Betrogen sein
und wenn es denn so ist, soll es denn so sein.

WEIL ES DICH GIBT ...

Weil es Dich gibt,
werde ich nicht sein.

Weil ich Dich sehe,
werde ich erblinden.

Weil ich Dich höre,
werde ich ertauben.

Weil ich Dich kenne,
werde ich mich vergessen.

Weil ich Dich spüre,
werde ich mich fühlen.

Weil ich Dich mag,
werde ich gemocht.

Weil ich Dich liebe,
werde ich verstoßen.

Weil Du mein Schicksal bist,
wird das Schicksal mein sein.

Weil Du eben Du bist,
werde ich eben deswegen nicht mehr ich sein.

Und weil ich eben nicht mehr ich bin,
wirst Du nicht mehr Du sein.

Und es wird alles egal sein,
weil nichts mehr ist, wie es eigentlich ist.
Und Fragen ist verwerflich,
Fühlen ist schändlich,
Lieben ist schmerzlich,
und Leben ist tödlich.

WENN ICH DU WÄRE ...

Wenn Du ich wärst,
würdest Du nicht weinen, sondern Du würdest schreien;
würdest Du nicht laufen, sondern Du würdest rennen.

Wenn Du ich wärst,
würdest Du nicht träumen, sondern Du würdest gefrieren;
würdest Du nicht lieben, sondern Du würdest sterben.

Wenn Du ich wärst,
würdest Du nicht atmen, sondern Du würdest ersticken;
würdest Du nicht leben, sondern Du würdest schmoren.

Wenn ich Du wäre,
würde ich nicht weinen, sondern würde lachen;
würde ich nicht rennen, sondern würde stehen.

Wenn ich Du wäre,
würde ich nicht träumen, sondern würde leben;
würde ich nicht lieben, sondern würde geliebt werden.

Wenn ich Du wäre,
würde ich nicht atmen, sondern würde frohlocken;
würde ich nicht leben, sondern würde es genießen.

Wenn ich Du wäre,
würde ich nicht Du sein wollen.
Wenn Du ich wärst,
würde ich wollen,
dass ich Du wäre.

Und wenn Du das verstehen würdest,
würdest Du mehr von mir sein,
als ich von Dir bin.

Doch weil Du es nicht verstehen kannst,
werde ich ich bleiben
und Du wirst nur der Wunsch sein,
der mich Dich sein möchte.

SCHWEIN SEIN

Könnt ich doch ein Schwein sein,
dann wäre das Leben fein.
Ich könnt tun was immer ich wollt,
auch wenn der Kopfe rollt.

Kalt und ohne ein Gefühl wäre recht
und ich wäre nicht mehr Knecht.
Nicht verletzlich und nicht bedrückt,
aber ein Irrer, so verrückt.

Fühl ich Liebe in mir,
so wäre angenehmer die Gier.
Nicht zerfetzt und nicht geschlagen,
ohne Herz, ich könnt's ertragen.

Möchte ich alles nehmen,
brauch ich mich nicht mehr sehnen.
Austeilen und verletzen
und ich könnt jeden zerfetzen.

Tue mir etwas an,
keiner käme mehr an mich ran.
Wie Dreck könnt ich behandeln jeden
und ich würde mich fühlen wie im Garten Eden.

Das Schlechte in mir für Alle
und ich wäre nicht mehr in der Falle.
Schwein sein ohne Ende
und mein Leben erführe eine Wende.

Würden lieben mich dann jene,
die ich zur Sau mach und ich mich nicht schäme.
Das Schwein brauch ich zur genüge
und mein Leben fügt sich dem Gefüge.

DER FALL

Was war gewesen?
Ich stehe hier und eine Mauer könnte nicht stärker sein.
Du bist da und ich spüre es.
Ich habe das Gefühl, als wenn ich fliegen könnte.

Was ist passiert?
Ich knie hier und der Schlag des Schicksals, der mich in die Knie zwang,
ist noch zu spüren.
Du bist nicht mehr da, aber ich spüre Dich noch.
Ich habe das Gefühl, als wenn ich fallen würde.

Was ist bloß los?
Ich liege hier am Boden und das Leben, dass mich zu Boden warf,
ist noch zu fühlen.
Du bist nicht mehr da und ich spüre Dich nicht, aber ich will es.
Ich habe das Gefühl, als wenn ich Sterben möchte.

Wohin soll das führen?
Ich liege immer noch zu Boden, aber ich will wieder aufstehen,
nur fehlt mir die Kraft.
Ich suche Dich und ich sehne mich, aber keine Chance.
Ich habe das Gefühl, als wenn ich Tod bin.

Stehen ist Glück,
Knien ist Schicksal,
Liegen ist Leben
und Liegen bleiben ist Ohnmacht.

DAS NICHTS

Die Welt geht unter,
das Leben zerbricht
und das Herz zerfetzt,
doch es ist nichts, es ist gar nichts.

Der Horror wird Gewohnheit,
der Schmerz alltäglich
und die Depression normal,
und es ist nichts, es ist überhaupt nichts.

Die Gefühle sind Pfennige,
das Unwichtige Tausender
und die Lieblosigkeit ein Vermögen,
was soll das schon sein, es ist rein gar nichts.

Liebe ist Nichts,
Sehnsucht ist gar Nichts
und Verlangen ist überhaupt Nichts,
ich weiß schon die Antwort, es ist wie immer Nichts.

Das Nichts ist um mich,
es kommt auf mich zu,
es bombardiert mich.
Ich spüre es, und es ist nicht Nichts nur für mich.
Und ich weiß, dass ich nicht normal bin,
da ich nicht der Meinung bin, dass dies nichts sei.

DER WEG

Sehnsucht ist Liebe,
Liebe ist Verlangen,
Verlangen ist Wollen
und wo ein Wille ist, ist auch ein Weg.

Aber was ist Sehnsucht?
Ich liebe Dich und Du meidest mich!
Kann das Liebe sein?

Aber was ist Liebe?
Du liebst mich und ich meide Dich!
Kann das Verlangen sein?

Aber was ist Verlangen?
Ich will Dich und Du willst mich!
Kann das ein Weg sein?

Wenn Sehnsucht Liebe erzeugt
und nicht vermieden wird,
wenn Liebe Verlangen erweckt
und nicht verschwiegen wird,
wenn Verlangen den Willen stärkt
und die Mauer überwindbar ist,
dann wird der Wille zum Weg,
dem Weg der Liebe.

WEGEN?

Wegen dem Interesse gibt es die Frage.
Wegen der Frage gibt es die Antwort.
Wegen mir gibt es nichts von alle dem,
aber wegen Dir wird es alles geben.

Wegen dem Verlangen gibt es die Gedanken.
Wegen den Gedanken gibt es die Sehnsucht.
Wegen mir gibt es vor allem das,
aber wegen Dir wird es in mir leben.

Wegen der Sehnsucht gibt es das Gefühl.
Wegen dem Gefühl gibt es die Liebe.
Wegen mir gibt es vor allem Liebe,
aber wegen Dir wird es dieses nicht geben.

Es ist zu einfach wegen dem Interesse,
es ist schwieriger wegen der Frage
und es scheint unmöglich wegen der Antwort.

Es ist unschuldig wegen dem Verlangen,
es ist Freiheit wegen der Gedanken
und es ist machtlos wegen der Sehnsucht.

Es ist schön wegen dem Gefühl,
es ist unabwendbar wegen der Liebe
und es ist das Ende wegen der Enttäuschung.

Täusche Dich selbst und Deine Gedanken
und die Gefühle und die Erfahrung
wird Dich enttäuschen.

Was ist richtig, was ist falsch?
Ich weiß es nicht wegen dem wegen selbst.

LIEBESBRIEF

Ich schreibe Dir ein Liebesbrief
und eigentlich ist es nur die Sehnsucht tief.
Ich denke Dir ein Liebesgeständnis
und eigentlich ist es nur der Gefühle Verständnis.

Ich fühle Dir ein Trauma nach
und eigentlich ist es nur der Erkenntnis Schmach.
Ich liebe Dir ein Leben vor
und eigentlich ist es nur des Todes Tor.

Und wenn ich schreiben könnt, so wie ich denk;
wenn ich reden könnt, so wie ich fühl,
dann wäre Liebe nicht mehr Liebe,
sondern arg viel mehr.

Es Denken ohne Worte;
es Fühlen ohne Träume
ja, es fehlt hier was!

Ja, Worte, die nicht beschreiben können,
Träume, die nicht erahnen lassen,
was ich sagen würde, wenn ich könnte,
was ich träumen würde, wenn ich dürfte.

So ist ein Liebesbrief nicht nur ein Brief,
so sind Worte nicht nur Zeichen
und alles was dahinter steckt
nicht nur das, was man sieht,
nicht nur das, was man denkt,
aber vielleicht das, was man fühlt.

So frage mich nicht, was ich nicht weiß,
frag mich nicht, was ich nicht will,
frag mich nicht, was ich nicht fühl,
sondern tue, was immer Du tun möchtest
und ich werde wissen, was ich wissen möchte,
ich werde wollen, was ich wollen möchte
und ich werde fühlen, was ich sowieso fühlen tue.

VERSTEHST DU MICH?

Ich frage mich, verstehst Du mich?
Und ich weiß, Du tust es nicht!
Wisse, dass ich Dich verstehen kann,
aber auch, dass ich Dich nicht lieben kann.

Ich quäle mich, fühlst Du mich?
Und ich weiß, Du tust es nicht!
Fühle, dass mich Liebe betört,
aber auch, dass Liebe mein Leben zerstört.

Ich beneide Dich, ahnst Du es?
Liebe ist Deinem Herz entschwunden
und Leidenschaft hat es verwunden.

Du magst es und Du willst es,
aber ich liebe es und kann es nicht haben.
Es ist nicht dasselbe, wovon wir träumen,
aber das Gleiche, wofür wir leben wollen.

Ich brauch das Glück der Liebe,
während Dir das Leben der Leidenschaft erbiete.
Ich bin ein Mensch, dessen Gefühle nicht mehr zeitlich sind,
nicht Irgendwer, nicht irgendwann,
sondern jener, der Dir als Kind Deine Träume entbrannt.

Wenn Du mich fragst, wirst Du es wissen, aber niemals fühlen können.

WARUM SUCHST DU NICHT?

Wer sucht, der wird finden.
Und wer gefunden hat, wird nicht mehr suchen.
Du weißt, dass ich brauche.
Du weißt nicht, dass ich gesucht habe.
Aber Du weißt, dass ich gefunden habe.

Kannst Du verstehen, warum ich nicht Suchen gehe?
Ich kann nicht suchen, weil ich gefunden habe.
Aber ich kann nicht leben, weil ich es nicht aufheben kann.

Mein Verstand sagt: „Suche weiter, werde glücklich!"
Aber mein Leben und mein Herz sagt: „Du kannst das nicht!"

Zerbricht mein Herz, kann Suche kommen,
doch es ist nur die Eine
und meinem Herz wird das Leben genommen.
Ein totes Herz auf Suche,
das nicht mehr finden möchte, was es braucht.

Würde Liebe Dein Herz erfüllen,
wäre ich nicht nur der Klotz des Lebens,
dann würdest Du vor Verständnis nur Brüllen
und fühlen würdest Du die Qualen meines Leidens.

Weil Du mich nicht liebst wirst Du mich auch nicht verstehen, egal ob Du es willst oder nicht.

BLEIBE DU SELBST

Sei, wer Du bist
auch wenn Du anders sein müsst.
Lass mich sein, wie ich bin
ich will es nicht, aber es ist in mir drin.

Kämpfe nicht gegen Dich selbst,
vor allem, wenn das Glück an Dich schellt.
Bring mich nicht zum Kampfe gegen mich selbst,
auch wenn das Unglück gegen mein Herz prellt.

Lebe die Träume Deines Lebens
und bewahre mir die Träume meines Lebens.

Ich will verzichten, ich kann es nicht.
Du kannst verzichten, doch Du brauchst es nicht.
Wenn Du Gold bist, dann werde nicht zu Dreck,
denn es wird mich nicht glänzend machen.

Du bist nicht ich, so bleibe Du,
denn wenn Du ich wärst,
würdest Du um Gnade beten,
sein zu dürfen, wer Du bist.

Weil Du mich siehst, wird Leben Dich bedrücken.
Mach lieber die Augen zu und es wird Dich entzücken.

ES IST VIELLEICHT EIN SPIEL

Wäre Liebe nur ein Spiel,
dann wäre ich stets, der wo fiel.
Und es wäre der Laune viel,
weil es doch nur wäre ein Spiel.

Und Lachen wäre ein Anlass hier,
brächt die Liebe her zu mir.
Würde Liebe mich nicht berühren,
würde Leidenschaft mich verführen.

Froh und ohne Schmerz,
und Glück wäre nur ein Scherz.
Ein Scherz, der Lachen kann
und Glück, das Leben zieht in sein Bann.

Wäre es mir doch nur egal,
so brächt es mich nicht zu Fall.
Liebe hier und Liebe da
und Glück, das keines war.

Doch habe mehr, als Du erwartest
und keine Hölle in der Du bratest.
Erwarte mehr, als Du haben kannst
und das Unheil sich in Dir pflanzt.

Nimm das Spiel nicht allzu ernst und es wird Dich nicht allzu ernst nehmen.

Ich will; und Du?

ICH WILL ...

Ich will Dich, denn ich brauche Dich.
Schaue auf mich, denke an mich
und Glück wird das Leben bereichern.

Ich vermisse Dich, denn ich liebe Dich.
Komme zu mir, fühle für mich
und Liebe wird das Leben erwecken.

Ich sehne mich, denn ich spüre Dich.
Rede mit mir, liebe mich
und nichts wird das Leben bedrücken.

Wärst Du ich und würdest Du lieben wie ich,
dann würde ich nicht in den Himmel wollen,
weil ich wissen würde,
dass kein Himmel mir mehr geben könnte,
wie der, der keiner ist.

Wenn das Gefühl zuschlägt, wird nicht mehr sein, wie es war.

Bring mich zu Dir

ES IST ZEIT ...

Lachen, das mich freut —
Zuneigung, die mich fühlend macht
und Gedanken, die mich zum Träumen bringen.

Augen, die mich verlegen machen —
Gefühle, die mich sehnsüchtig werden lassen
und der Verstand, der nicht mehr denken kann.

Die Welt dreht sich, doch ich sehe es nicht —
Das Leben geht weiter, doch ich spüre es nicht
und ich fühle, wie Liebe sich in mein Leben mischt.

Schöpfe die Kraft aus der Dunkelheit —
Den Willen aus der Vergessenheit
und die Liebe! Ich bin bereit.

Wenn die Zeit Wunder erwartet, wird Sehnsucht das Leben verändern.

HILF MIR

Willst Du retten meine Seele
musst Du schützen mein Gefühl.
Könnt ich sehn, dass ich Dir fehle,
in mir das Herz ich fühl.

Bin erschöpft und bin frustriert,
kann nicht mehr Fühlen
und auch nicht Denken;
bin leer und lebensmüd,
weil Leben Liebe fehlt.

Nicht klingen soll der Satz,
nicht Glänzen das Gedicht.
Soll einzig und allein
der Sinn und das Gefühl,
Dir sagen, was ich fühl.

Leben ohne Glanz, wie Musik ohne Tanz und alles ohne Sinn macht jede Liebe hin.

SPRICH MIT MIR

Liebe von Herzen
voller Schmerzen
und ohne Verstand,
weil Sehnsucht in mir entbrannt.

Es hilft nicht, es zu fragen,
es nützt nicht, es zu sagen,
es bringt nichts, was soll ich tun,
außer endlich auszuruhn.

Wenn die Sonne untergeht
und gar niemand mich versteht,
dann kommt der Abend und auch die Nacht
und die Erkenntnis, dass der Tod in mir erwacht.

Ich kann's nicht glauben, denn nichts passiert;
Ich kann's nicht fassen,
soll ich's lassen?

Ignoranz verdrängt und am Galgen aufgehängt.

LEER

Bin verdammt und ausgebrannt,
sinkend auf den Boden der Vernunft.
Höhenflug ade und Sehnsucht passé,
nicht geht mehr — riene va plue!

Wünsche mir dieses
und hoffe auf jenes
doch Erkenntnis, das hinter dem Tod mehr wartet,
als das was ich fühle, als das was ich spüre,
lässt versiegen jede Freud und jedes Glück.

Kein Fühlen im Wachen,
kein Herzschlag im Träumen;
der Verstand, er will
doch das Herz, das nicht gehorcht.

So ist leer das Leben
und ohne jede Regung.
Spüre den Himmel
oder fühle die Hölle.
Es ist besser als leer zu sein.

OHNMACHT DES LEBENS

Schauend in Dein Gesicht
denke ich an dieses Gedicht.
Denke an meine Träume
und daran, was ich an Dir versäume.

Wenn Freiheit meine Sinne betäubt,
es sich in mir sträubt,
obwohl ich es brauche,
nur noch in meine Bilder ich tauche.

Wenn Gewissheit mein Ich zerstört,
weil ich nicht Ich sein kann,
wenn das Herz mich liebend betört
und der Verstand nicht mehr im Licht sein kann.

Verflucht der Geist,
er müsst sich wehren;
verdammt das Herz,
es sollt sich beschweren.
Oh du armer Körper mein,
musst ertragen, was Geist und Herz will sein.

DER AUGENBLICK

Die Zeit verrinnt
die Gefühle geschwind;
auch das Schlimmste, es vergeht
nur der Augenblick, der besteht.

Wenn die Frage nach dem Gestern
das Glück und auch der Schmerz,
so ist es Heute nur der Stern,
Gefühle nur noch Summen
und es ist doch kein Scherz.

Wenn die Sorge um den Morgen,
das Leben und das Glück,
so sind es Heute nur die Sorgen
und der Erkenntnis nur ein Stück.

Wenn das Leben im Heute,
die Augenblicke und das Jetzt,
nicht erkennen die Leute,
das Heute ist nicht jetzt
und dieser Augenblick nicht Heute.

Augenblicke sind so flüchtig
sie sind so schnell und sie machen süchtig.
Doch wer versteht, was in ihnen steckt,
der hat an dem wahren Leben geleckt.

Denken im Gestern,
Fühlen im Morgen
Und Bewegen im Heute;
ist das das Leben?

ABSCHIED

Abschied vom Herzen,
adieu dem Verstand,
lebe wohl, dem, der jetzt geht.

Verloren die Hoffnung,
entschwunden das Gefühl,
verworren die Gedanken
und ein Ich, das ich nicht mehr bin.

Möchte ich umkehren,
möchte ich wiederholen,
doch kein Weg zurück
und keine Chance noch mal.

So bleibt das Ungewisse
für den Fall,
das wird, wer man nicht sein möchte,
doch von wünschen kann nicht die Rede sein.

SCHAUE HER ...

Bezwungen durch die Kraft des Schicksals,
gedemütigt durch die Macht des Lebens,
zerstört durch die Finsternis der Liebe;
so bleibe ich, der kümmerliche Rest im Dunkeln.

Kann es nicht fassen,
kann es nicht begreifen,
kann es nicht mehr ertragen;
was soll ich tun?
was kann ich tun?

Die Gewalt des Lebens lastet auf meinen Schultern;
das Ungetüm des Schicksals auf meinem Verstand
und das Gefängnis der Liebe auf meinem Herzen.

Drücke nur, so drücke nur;
drücke mich hinunter in die Tiefen der Hölle.

Ich will es nicht; ich brauche es nicht
und gewiss möchte ich es nicht erleben.
Doch das Herz hat sich entschieden
und es wird nicht weichen.

So werde ich verrückt nach dort,
das Schicksal zieht mich rasch nach hier.
Was wird passieren, wenn der Bogen überspannt,
die Kraft weicht und das Leben reißt?

So sage ich:
Liebe von Herzen ist Schmerz.
Liebe mit dem Gefühl das Sterben.
Liebe mit der Gewalt des Schicksals der Tod.
Habe weniger und Du wirst mehr haben,
denn wenn Du alles hast, wirst Du sterben.

Fliegen möchte, so fast jeder, in den Himmel.
So weit, so frei und so hoch er nur kann.
Und Glück die Vorstellung beseelt.
Doch fliege einmal und erfahre,
dass der Wunsch schöner ist als die Unendlichkeit des Himmels.

DER RAUSCH DES LEBENS

Volltrunken vom Wasser des Vergessens,
berauscht vom Atem der Verzweiflung
und benebelt von der Angst des Seins.

Was muss nur passieren, dass dies nicht passiert?
Was muss nur geschehen, dass dies nicht geschieht?
Frage mich nicht, ich weiß es nicht!

Schaue auf das, was Du hast.
Schaue dann, ob Du zufrieden und frei bist.
Bist Du es, dann strebe nicht nach mehr,
denn es kann Dein Tod sein.
Bist Du es nicht, dann hast Du wohl nichts mehr zu verlieren!
Doch bedenke, dass das was Du tust,
das Genick Dir brechen kann.

Nüchtern vom Wasser der Erinnerung,
erstarrt vom Atem der Ahnungslosigkeit
und frei von der Angst des Seins.

Irgendwie ist es besser, zu sein,
wie eben Menschen sind.
Und irgendwie möchte auch ich sein,
wie sie eben sind.

VERLOREN

Der Schmerz verblasst, endlich hab ich's erfasst.
Es macht mich leer, so dass ich's nicht begehr.

Es war die Phantasie, der Hoffnung, Glück und Liebe,
ich wollte nur sie und bekomme nun die Hiebe.

Bedeutung verloren, von allem und von ihr,
habe den Tod beschworen und die Strafe der Gier.

Zieht's mich raus, aus dem Weg des Herzens,
es ist aus, mit dem Gefühl des Schmerzens.

Hinein in die Nüchternheit des Alltags Trott,
doch Kämpfen kann ich noch,
gib sie auf nicht hü nicht hott,
lass mich nicht fallen, sondern springe selbst in das Loch.

Der Nebel sich zu lichten scheint
und Erkenntnis macht sich in mir breit,
es brodelt und es in mir weint
ich muss loslassen und ich bin bereit.

Bin neugeboren und doch schon tot
verschwunden ist das Abendrot.
Hab verloren und bin besiegt,
auch wenn die Ignoranz auf mich liegt.

Niemand redet, niemand will es
Niemand braucht es, nur ich allein.
Kann's nicht fassen, muss es lassen,
warum muss das so sein?

Bin so leer und ausgebrannt
Niemand sorgt sich, niemand kümmert sich,
ich hab mich selbst dahin verrannt
und auch ins Nichts verbannt.

Und die Moral von der Geschicht,
wahre Dein Gesicht.
Wahre Dich selbst und gibt Dich auf
und gib noch eins oben drauf.

VERGISS ES!

Worte voller Lachen,
voll Frohsinn und ohne Scharm.
So glücklich bist Du mir zu sagen,
Vergiss es – Dein Problem!

Was wollen die nur und das voll Frust,
kann's selbst nicht mehr begreifen, es ist in der Brust.
Muss raus das Gefühl, muss raus die Sorge
und spiegeln sich das Nichts für mich.

Da läuft nichts und ohne jede Regung,
wer bist Du, was willst Du?
So blind von mir war jede Bewegung,
Du sahst es und schaust mir zu.

Nicht Reden und nicht Schreiben,
keine Lust und kein Interesse.
So unwichtig und bedeutungslos,
lässt mich fühlen wie ein Nichts.

Selbst ein Fremder bekommt mehr Achtung,
und wenn's nur Höflichkeit es ist.
So fühle ich mich noch weniger
und kann erfassen, wer ich für Dich bin.

Wenn Du fühlst, ich sei ein Depp,
dann muss ich Recht geben, denn so fühl ich mich nun auch.
Helfen wird es, helfen muss es,
doch die Lektion hab ich nicht begriffen.

Neuer Weg und neues Glück,
versuchen werde ich's.
Du wirst bleiben, wer Du bist,
doch ich werde sein, wer ich nie war.

DIE SCHLACHT

Leben ist leer und ohne Sinn.
Ein Ziel und ein Weg es zu ändern
und Du schmeißt alles hin,
um Dich und Dein Leben zu verändern.

Du kannst es lassen und behütet bleiben,
doch auch das Leben wird bleiben wie es ist.
Auf in den Kampf, die Schlacht muss entscheiden
und Du kannst erfahren wer oder was Du bist.

Leben steht und keine Frage nach dem Sinn.
Dem Ziel sich nähern und den beschwerlichen Gang gehen.
Du gibst alles und zerstörst Dein altes Ich,
um Dich und Dein Leben zu retten.

Du kannst nicht mehr zurück und bist verletzlich,
das Leben ist anders und Du denkst nicht nach.
Der Kampf ist im Gange, die Schlacht fordert ihren Tribut
und Du erfährst, dass Du nie warst, wie Du warst.

Leben kehrt wieder und auch die Frage nach dem Sinn.
Das Ziel verfehlt und den Weg verlassen.
Du bist erschöpft und Deine Heimat zerstört,
Du und Dein Leben liegen in Trümmern.

Du bist nun zurück und geschlagen,
das Leben ist verloren und Du denkst nach.
Der Kampf ist verloren, die Schlacht entschieden
und Du erfährst, dass Du mehr gegeben hast, als Du je dachtest.

Doch was hat es gebracht, was war der Sinn?
Warum hat Dein Ich es getan,
wenn der Einsatz doch so hoch war?

Erkenne, dass Dein Ich nur ein Teil Deines Du ist
und erwache im Schlaf.
Alles ist Teil eines Plans,
doch Du bist mehr als dieses Teil
und auch mehr als dieses Leben.

ENGEL IN WEISS

Engel in weiß – ich habe Dich gesehen.
Ich sah und ich fühlte Dein Licht.
Wollt ich zu Dir und Liebe kein versehen,
ich flog und ich sehnte mich zu Dir ganz dicht.

Engel in weiß – ich habe Dich berührt.
Ich war im Rausch und voller Begierde nach mehr.
Wollt ich mehr sein zu Dir und die Liebe verführt,
ich träumte und ich lief ganz zu Dir hin.

Engel in weiß – ich habe Dich gefragt.
Ich war verrückt und benommen vom Fühlen.
Wollt ich eine Antwort und Liebe versagt,
ich stürze tief und fiel in die Mühlen.

Engel in weiß – ich wurde enttäuscht,
obwohl ich es wusste, obwohl ich es fühlte.
Wollt nicht mehr Leben und Liebe verseucht,
kein Happy End, obwohl ich mich bemühte.

Engel in weiß – wo bist Du geblieben,
kein Licht und kein Gefühl nun strahlt.
Wollt ich Dich und Liebe alleine verblieben,
ich schreie ohne Echo, doch es hallt.

SCHULE

Leben begreifen und verstehen;
die Schule ist hart und Versagen programmiert.
Familie, Beruf, Haus und Auto
und ein bisschen Spaß neben den Sorgen.
Leben funktioniert, doch warum bin ich hier?

Leben erfassen und fühlen;
die Schule hat Pause und ein Hauch entsteht.
Sehnsucht, Zärtlichkeit, Glück und die Liebe
und Gefühle des Himmels ohne jede Sorge.
Leben gerät aus den Fugen, doch warum bin ich hier?

Tod begreifen und verstehen;
die Schule ist fortgeschritten und Erkenntnis möglich.
Sterben, Krankheit, Alter und Armut
und ein bisschen Lachen neben dem Weinen.
Tod funktioniert, doch warum bin ich hier?

Tod erfassen und fühlen;
die Schule ist dem Abschluss nahe und Verstehen denkbar.
Unglück, Hölle, Depressionen und Selbstaufgabe
und kein Lachen nur noch Schmerzen.
Tod gerät aus den Fugen, doch warum bin ich hier?

Leben und Tod,
dass bist Du und das bin ich.
Ein Lehrgang des Menschsein und immer wieder die
eine, einzige Frage:
Warum bin ich hier?

WAS

Alles ist glücklich und Reichtum versüßt das Leben.
Die Reichen haben alles und eigentlich nichts.
Doch warum ist das so?
Nichts zu erträumen, nichts zu wünschen:
Fühlst Du Dich prächtig und wer bist Du?

Vieles ist glücklich und Wohlstand bereichert das Leben.
Sie haben vieles und eigentlich wenig.
Doch warum ist das so?
Wenig zu erträumen, wenig zu wünschen:
Fühlst Du Dich gut und was bist Du?

Nichts ist glücklich und Armut beschwert das Leben.
Die Armen haben nichts und eigentlich alles.
Doch warum ist das so?
Alles zu erträumen, alles zu wünschen:
Fühlst Du Dich schlecht und wie bist Du?

Gesundheit, Reichtum, Leben, Glück und Liebe;
Du hast alles und doch fehlt Dir was – WAS?

Krankheit, Armut, Sterben, Unglück und Hass;
Du hast nichts und doch fehlt Dir was – WAS?

Leben so unterschiedlich und individuell
und jedem das eigene Problem des Lebens.
Hast Du das, fehlt Dir jenes,
doch allen fehlt das Eine - das WAS!

NACHRUF

Er ist da und er sieht mich nicht.
Ich denke, dass er mir aus dem Wege geht.
Das Wenige, was noch war, so glaube ich, auseinander bricht.
Ich bemühe mich und ich versuche, doch er mich nicht versteht.

Sie lacht und sie freut sich und ich fühle mich schlecht.
Sie will mich nicht und sie mag mich nicht und deshalb habe ich kein Glück.
Keine Hoffnung und noch viel Schmerz, wenn sie sich an einen anderen schneckt.
Ich liebe sie und ich brauche sie, denn sie ist von meines Herzens ein Stück.

Er scheint mich nicht mehr zu lieben.
Ich glaube, dass er nicht gut auf mich zu sprechen ist.
Jeder Gedanke und jedes Gefühl von ihm, wirkt wie zwischen uns zerrieben.
Und zuweilen ich spüre, dass er doch etwas in sich frisst.

Sie amüsiert sich und sie tanzt und ich merke Ignoranz.
Möchte ich sie hassen und nicht mehr sehen und egal sein für mein Herz.
Fühl mich ausgegrenzt und verlassen und ich weiß, es ist mein eigener Tanz.
Möchte ich glücklich sein und froh, doch was bleibt ist allein der Schmerz.

Fehlen die Worte und fehlt das Gespräch.
Wollen beide und wollen verschieden, doch niemand weiß, was wirklich ist.
Wäre ein Weg und wäre ein Ziel, wenn es wäre, was nicht ist.
Käme der Frieden und auch das Glück, wohlauf, wenn beide wären zufrieden.

DER ROSENSTRAUCH

Der Stamm vertrocknet,
die Blüte verwelkt,
so steht er hier,
ihm fehlt des Lebens Elixier.

Die Blüte zu fallen droht,
verloren ist ihr lieblich rot.
Die Gefahr, der Bruch, der Tod,
der Strauch erlebt die größte Not.

Die Biene liebt die Rose sehr,
der Blüte Nektar sie begehrt.
Muss öffnen sich die Blüte mehr,
sie kann's vollbringen, es fällt ihr schwer.

Die Biene hat's gesät,
die Liebe hat's vollbracht.
Es war noch nicht zu spät
und Leben ist neu erwacht.

Die Biene wusste in der Tat,
dass niemand fragte sie um Rat.
Sie hat gegeben, was sie hat
und ahnt nicht, was sie tat.

Die Rose blüht,
der Strauch gedeiht.
Sie hat sich bemüht,
jetzt ist es so weit.

Die Biene, sie muss verstehen,
sie hat keine Wahl, sei muss für immer gehen.
Sie wollt die Rose für sich allein
und muss nun sehen, dass darf nicht sein.

Der Strauch nun wächst aus eigner Kraft
voll Schönheit und in voller Pracht.
So bringt der Schönheit Blume hier,
auch anderen das Lebens Elixier.

ANHANG

Englische Originaltexte
(Der Vollständigkeit wegen ...)

ALL I DO, ALL I SAY, IT'S NOTHING

All I do, all I say, it's nothing.
And my eyes can see, my ears can hear,
but I didn't believe that, because no way, no chance.

I feel, I love and I now, I'm alone.
And that hurt me, every beat of my heart.
Get a way or take a chance to change it,
the love will work against it and I get crazy.

No way to it, no chance to take it, only love,
who comes from me and go to the air with no response.
Nobody come to me and nobody can go inside me,
because I love and there is no chance to change it.

I know about this, but I didn't understand it.
And the angel of love will go to the devil of death,
because no way, no chance to change it.

And I'm at the end of my love, cause there isn't a way
and there isn't a chance to go to it.
And love will be love, but feel like death and nobody can help me.
No friend, no lovely, nobody and I can't help myself,
because there is no way, no chance to change it or to get it.

And I get crazy, and the world around me,
working and changing forward, more than it will do, when I won't be crazy.
But it won't work or change for me, no,
there's no way and there's no chance to get the love of my life.

All say, didn't say never, but I know it will be never.
And so it didn't give a way and no chance for me.

CAN YOU UNDERSTAND THIS? I CAN'T DO IT!

What is love?
I feel it and I know it, but I didn't understand it.
It can give you more than you can't think ever.
And it's so every time you feel the true love,
but you will get down to hell or up to heaven.

And both are the same of the making of feel,
only one bring you to hell
and one to the heaven.
You can't decide it, because you love.
And you will learn only one:
Who is the devil or who is the angel.

You want never die, because you will know,
that no heaven can give you more.
Or you want to die, because you will know,
that no hell can give you more.

The feelings get through your body,
the true love,
and you can't get a word to say it.
You can see only a laugh of happiness and love,
or a cry of death and love,
but it can't say more about the feelings,
more about the life of dreams.
You go to reality and die,
you go to dreams and you go to feel,
whatever you can't say
and it's the hell or the heaven on earth.

WHAT IS LIFE? REALITY OR DREAM?

You have money, house
and all you need, what you can buy.
Is that life?

You have nothing, no money, no home,
and no you need, what you can buy,
but you have, what you can't buy:
the dream and the feeling of the true love.
Is that the life?

You know, all people can't get it all,
and you be one of these all people.
I ask you to decide:
What is life?

Get one of this and tell me,
what is life!

I know the answer,
but I didn't have any of this.
I want to have one of this, that what you can't buy
and I feel it, how it get out from me,
but I didn't feel, when it comes back to me and so I know,
I want and I have one side of the real answer of life.

But I need the other side too,
to say to you:
What is life.
And so I can only ask you:
What is life?

When the time comes to us, the beginning will never end.

YOUR NEARNESS LET BEAT MY BODY

I think about a meeting with you,
and my heart is beating,
I can hear it and I'm crazy.

I see you and we meet us in a moment,
and my heart is going crazy,
I can feel that I'm high.

We meet us and we see us,
and my heart stands out of control,
I can't feel anything.

And when you go,
my heart is crying
and I can feel the love.

All the love in my heart, let run the tears for crying.

A BALLADE FOR YOU

I look into your eyes,
and no diamond can reach the beautiful, that I feel and know about your eyes.
And I believe, that nobody else can see more in your eyes.
I know by looking into your eyes,
that I love you.
Feel the true love I searched ever for.

I hear your laugh, I see your laugh and I feel your laugh
and nothing can reach the sweetly, that I feel and know about your laughing.
And I believe, that nobody else laugh can make me more happy than yours.
I know by feel your laugh,
that I love you so much.
Feel the true love I had anytime before.

I hear, what you say, how you say it and I hear the voice of your saying
and no voice can reach the heaven of that, what I feel and know about your voice.
And I believe, that nobody else can hear more about that, what the voice of you say.
I know by thinking about your words and your voice,
that I love you so much,
that the heaven comes to earth.
Feel the very true love that I can touch the heaven.

I see your tears rolling down your eyes,
and no tears can reach the hurt, because I feel and I know the tears about you.
And I believe, that nobody else can feel more about the tears, when they go into your
face.
I know by seeing your tears,
that I love you much more,
than a man can love a woman.
Feel the hardly true love that I want to die.

Your eyes bring me up to heaven of feel.

I WANT TO TAKE YOU AWAY

Nobody can hear if I cry, and I'm crying up to heaven.
All I say, all I do, all can see it, but nobody recognise it.
And I feel, I'm alone and it makes my crazy.
All talk with me, all see me, but I see,
they don't talk with me and they don't see me.
And I wish, to take you away.

She talk with me, she laugh with me, but she gives no answer.
She look into my eyes and that all I have, but this is no answer.
And I'm crazy, feel you're here, but I'm alone.
All look at me, all hear me, but I feel,
they don't look at me and they don't hear me.
And I wish to take you away.

I talk with her, I laugh with her, and I ask her, but she hear no question.
I look into her eyes and that all I have, but this is no question.
And I'm silly, see you're here, but I'm alone.
All talk about me, all cry about me, but I'm sure,
they don't talk it and they don't cry it.
And I wish to take you away.

And so only one thing going through me,
I wish to take you away,
I wish to go with you,
I wish to say:
I love you.

All the dreams in my heart are the love for you.

A STAR ON THE FIRMAMENT

I see a star on the firmament,
and the light makes me feel.
Can I reach the star, who makes me feel?

I feel the star on the firmament,
and from the millions of stars, there's only one for me.
Can I reach the star, who makes me love?

I love the star on the firmament,
and the love makes me crazy.
Can I reach the star, who makes me crazy?

I'm crazy for the star on the firmament,
and it makes me wistful to it.
Can I reach the star, who makes me wistful?

My live is changed, cause the star on the firmament,
and I want to take it for life.
And my life hangs on the question:
Can I reach it?

Your eyes talk to me and I ask me, can it be true?

YOU HAVE ONLY ONE WISH

You have the lamp, and it looks into your poor life.
And it say, that you have one wish to change your life.
You see all the wealth of money you can have and the poverty of your life.
But the lamp gives you only one wish of life.

You have the lamp, and it looks into your sick life.
And it say, that you have one wish to change your life.
You see all the health around, you can have and the sickness of your life.
But the lamp gives you only one wish of life.

You have the lamp, and it looks into your lonely life.
And it say, that you have one wish to change your life.
You see all the friends you can have and the loneliness of your life.
But the lamp gives you only one wish of life.

You have the lamp, and it looks into your unloving life.
And it say, that you have one wish to change your life.
You see all the love you can have and the unloving of your life.
But the lamp gives you only one wish of life.

And you have a love without an answer.
So you say to the lamp, that you have only one wish to change your life.
You see all that, what you can have, but you wish only an answer of your love.
And the lamp gives you the only one wish of your life.

You can have whatever you want, and what you really want you can't have.

I NEED A LOOK, A WORD AND THE FEEL OF IT

I wake up in the morning and I feel alone.
No look, no word to feel it.

I go to work and I feel alone.
No look, no word to feel it.

I come home from work and I feel alone.
No look, no word to feel it.

I look TV in the evening and I feel alone.
No look, no word to feel it.

I go sleep and I feel alone.
No look, no word to feel it.

I go to dream and I feel it.
The look and the words to feel love.

DON'T ASK WHY

Don't ask why,
because you will find the truth of fate.
And when you find it,
you will find the truth of your life.
This means you will understand,
what you can do, and what you can't do.
And you will find the answer of your life.

And the nature says to you,
that you to much human, that you can't bear this.
That means that you will die, because you want to die.
When you believe the knowledge of your fate,
than you can't go away from it
and when this fate brings you to a life you don't bear,
than you bring yourself to die.

And only the love of your life
can save you and your life.
When you can't get it,
then you will die forever.
And nobody will ask why!

GET WHAT YOU NEED

You really want it,
you know it,
but you can't get it, what you really need.
Cause you're a prisoner of your real life.

You really feel it,
you cry about it,
but you can't get it, what you really need.
Cause you're a prisoner of your own.

You really feel the pain of it,
and it hurts your heart,
and now you can get it, what you really need.
Cause you feel the freedom of your reality.

If you feel the pain of death you will begin to live.

If you fight for life, blow away the fear

THE FEAR PROTECT YOUR LIFE

You feel the fear and you know,
that it want to protect you.
And whatever your fear is,
you can't move and you stand, where you stand.

You feel the fear and you wish,
that it get out of you.
And whatever you want,
you can't move and your life will remain standing.

You feel the pain and you do it,
to blow your fear away.
And whatever you need,
you can move and your life becomes a sense.

If you feel the sense of life, than follow your heart and begin to fight for it.

YOU FEEL LOVE

You was born as a baby,
and you feel the love.
And there is no fear,
you want to live and feel save.

You was sprout as a child,
and you know the love.
And there is no fear,
you want to live and know save.

You feel love as a full grown,
and you can give the love you have.
And there is no fear,
but if you don't have this,
you can't get it.

Fly away like an angel in the night and you will feel it.

Have a meeting with the Soultaker

ASK FOR THE SOULTAKER

There is no chance,
you can feel it.
And the pain will start,
and you think about the Soultaker.

There is no way,
you know it.
And the pain makes you crazy,
and you cry for the Soultaker.

And you fight with your fate
and hope for grace from the Soultaker.
And the pain will end forever,
when the Soultaker loves you.

When the Soultaker loves you, all pain will end forever.

You say all you can , but it's nothing

CAN YOU HEAR ME?

I play the game of fate,
and if you use your eyes
you can see it.
But I don't believe that you do it.

I cry about my fate,
and if you use your ears
you can hear it.
But I don't believe that you do it.

I fight for my fate,
and if you use your heart
you can feel it.
And there is nothing, because you don't do it.

You cry about it, you talk about it, but nobody can hear you.

KNOWING NO, FEELING YES

All they sayings brings you to believe: No.
You look into yourself and you believe it too.
You look into your heart
and it brings you to feel: Maybe. Why?

All her sayings brings you to know: No.
You look into yourself and you know it too.
You look into your heart
and it brings you to feel: Yes. Why?

All you feel brings you to say: Yes.
But you don't understand it,
because it's crazy:
Cause all say and know: No.

You have nothing to think that it's true.
But you feel that it comes to you.

IS IT A SONG, A LOVESONG?

I write it down and I feel good.
I hear the words, but no music.
And love will bring it to a song.

I feel the writing and it is good.
My love will give the music.
And love will bring my heart to dance.

I do all, because I love.
My life change to a disco.
And love will bring my life high.

Get down, get up on the feeling life.
And all talk about you be crazy.
And love will bring changes ever before.

You want feel what everybody want feel.
And maybe you feel what anybody can feel.

YOU DON'T SAY IT, BUT YOU NEED IT

All you want to see is that,
what you don't want for you.
And you look at the TV and the movie
to see all bad of earth.

All the pain you see, all this you feel.
You want to cry, but what is when it will be:
the peace and happiness of a endless life?

And you know, that you need all the bad of earth,
because you can't live without this.
And that means that you can't be a human in heaven.

What is going up?

CAN YOU BREAK THE ICE?

You think about all you can do.
And you know that is alright.
But can you do what you think?

You think about all you can feel.
And you feel that will be alright.
But can you do what you feel?

And the time brings you down to earth.
And you can't believe,
that you can do it.

But when you go over yourself,
you will be back in heaven.
And you can do all you want.

Get the time to go forward. And it will be, because it come over you.

Tell me what is beautiful!

THE BEAUTIFUL

Beautiful in your brain,
this is, what you can have forever.
You be lucky and you can live in freedom.

Beautiful in your heart,
this is, what you can have when you love.
You love and you can live in peace.

And you think, that is all you need.
But what is, when you look into a mirror?
And you're unhappy about that, what you see.

Get all of them and you will find
the truth of beautiful.
And that will give you the love, peace and freedom of your life.

Feel good of yourself and everybody will feel good of you.

Prepare for love but you can't decide it

THE WAY OF LOVE

The love come to feel in you
and the love don't ask you for do it.
You can't do anything against it, cause you don't have the control.

The love goes out to a lovely
and the lovely don't ask you for do it.
You can't do anything for it, cause you don't have the control.

And when you feel love,
you want the true love, but you can't decide it.
You can do everything, but you don't have the control.

And when your fate will be good with you,
you will find the true love.
And you won't do anything against it, cause you don't need the control.

Need amour to decide the way of love, because you can't decide it.

WHAT IS IMPOSSIBLE?

You use your brain and you think it's impossible.
And all your thoughts brings you to know,
it must be impossible.

You use your heart and you feel it's possible.
And all your feelings brings you to know,
it must be possible.

And you walk forward to find out,
what is true: your brain or your heart.
And you will find the answer of all:
That all can be possible.

And you can think whatever you want,
you can't know the answer
before you ask for it.
And how better you ask for it,
you will find a clear answer.

WHEN YOU FEEL REALITY

Can you feel the reality of yourself?
You think, that is alright, because
all people you know, will be find it good.

What do you feel, when you go to sleep?
Is that the reality you feel?
Or you feel the dreams, wishes and love?

What do you feel, when you go to dream?
Is that the reality you feel?
Or you feel the dreams, wishes and love?

What do you feel, when you look at your account?
Is that the reality you feel?
I ask it to you!

And I ask to you again,
what is reality?
And I ask you,
what is important for your life?
Is it, what you feel or what you have?
And I promise you, that you will find it out,
on the last day of your life.

HAVE YOU A THOUGHT OF DEAD?

Have you think about the dead?
What do you think about it and for all what you feel about it?
Can you believe god and the heaven?

You see all the bad of earth.
What do you think about it and for all what you feel about it?
Can you believe god and the heaven?

And the time brings you year for year
to the point of your own end.
And what is the different of an animal and a human?
Can you now believe god and the heaven?

And you think about it, when it will be
the heaven on earth.
Peace for all and a lucky earth.
Can you believe you will be lucky
by god and the heaven?

THE POWER OF REALITY

You need the reality to live as an animal.
And the power of reality will bring you the fear,
so you can't have, what you really want.

You need the dreams to live as a human.
And the power of dreams will bring you to your really own,
so you want to have, what you can't have.

And you will be unhappy of your life,
cause the different between this two sides.
But when you fight for your life, you feel the dangerous of your life,
you go to die or you become the power to blow away your reality.

It is your own decision to decide, what do you do.
And when you feel the power and the needing
of that, what you really want.
Then do it, and don't ask why, do it
and you will feel the true reality of your life.

THE POWER OF LOVE

Can you believe the power of feelings?
You have everything you want, really?
What do you think, when you go to bed?

Can you believe the power of love?
All people love you and your life, really?
What do you think, when you go to dream?

And you don't say it, but you feel it,
that you will be broken of yourself.
And that means, that you will die or have a living dead.
And all they say, that is really good, you don't need it.

And when you become the power of love,
the power of real feelings and true love.
Your life will be changed,
and the changes makes you sick.
But you will feel the true power of love.

WHAT EVER YOU WANT

What ever you want, what ever you need,
you can do it.
Look at the reality and you can't do it.

What ever you feel, what ever you want to feel,
you can feel it.
Look at the fear and you can't feel it.

The greatest enemy of you,
will be you.
And when you get the power
to jump over your own shadow, what will be happened?

And when you do it,
you fall into a very deep hole of life.
But you will learn,
that it can really be,
what ever you want, you can do it.

GO DOWN TO HELL

You want feel lucky?
Do all to feel unlucky and that's easy.
And now you can feel the true lucky.

You want to feel love?
Do all to feel unloving and that's easy.
And now you can feel the true love.

And I say to you,
when you was born in heaven,
you can't feel the heaven.
But when you was born in hell,
you can feel the hell and the heaven.

When you up, think about you down.
And you can feel everything you want.

GET THE VICTORY

Your government say to you:
fight and die for your country.
And you do it, and you don't ask why.

Your love say to you:
fight and die for your love.
And you don't do it, and I ask you, why?

Get the victory of all your believing.
Fight and die for it, whatever you can.
And all the fear to loose all,
blow it away, you don't have it.
But when you play the game of dead,
you will get the victory.

LIFE, IS IT A GAME?

You do the reality
and you say, my life is a fight to live.
And I say it's true, but not your life.

You feel the dreams
and you say, my life makes me sick.
And I say it's true, but not your life.

And you feel love.
And you say, my life makes me feel.
And I say it's true, feel your life, it is your life.
And whatever you see, you hear, ask your heart and you will live.

FEEL SAVE

You don't want to feel pain.
You don't want, that anybody hurt you.
And you feel save of your life.

You go with the stream of people,
because nobody looks at you, nobody hurt you.
And you feel save of your life.

But when you want to know,
what life is,
you must go against the stream of people.
And everybody looks at you,
everybody want to hurt you.
You will feel the pain
and the pain will learn you:
the power of yourself.

YOU NEED TO KNOW IT ALL

Can you read this?
Do you want to know, who you are?
You go on the line of life and not you,
the other will make your life.
You feel the fear against all, that can hurt you
and you go on the line.

But everybody have a time
every day to be alone.
And you will begin to think about all you need
and about your life.
You know, what you need and what you want, really?

Let it do, to feel the hell.
Nobody want it, but everybody need it.
Go under the line of life
and you will be strong to go over the line.
And when you do it right, you will know it all.
You will begin to make your life yourself, against it all.
You feel the very bad hell, but the heaven too.
And you will know, who are you.

YOU WANT TO DO IT

Look into yourself and have a thought of it.
And you know, you feel,
that you want to do it.
And you awake from your thoughts
and that what you want to do it,
you don't do it.

You are to small to change the world.
And I say to you, you don't need it.
You are to big to change your own life.
And I say to you, you need it.
They all do, what they must do,
but not what they really want to do.

Look on your life and all the people around you
and have a thought of it.
And when you do it, really do it, you will know:
this is not the same.
And when you have the power
to begin the change of your life,
you will know the feelings of the very deep hole,
you will fall.

And I say at last, have no fear to do it.
Do it and you will learn about it and about yourself.

YOU MOVE FORWARD

You feel the fear,
you want,
you can't,
to get her.

You feel the reality,
you want,
you can't,
to kiss her.

And the fate brings you to hell on earth.

You feel bad and you can't believe yourself.
And you think, that your life was a great joke, but not a joke for you.
You want to die, you want that it will be end to hurt you.

You feel the fear,
can you get it,
what you want,
to get her?

You feel the reality,
can you get it,
what you want,
to kiss her?

Bring it on the way, and do it, try it, whenever you can.
Do not ask her and blow away the fear and the reality and get her, kiss her.
You want she, while she wants you.
Find it out, don't think, only do it and you will know it.

ASK ME FOR AN ANSWER

Do you want to know me?
No? Than go to hell.
Yes? Than give me a question!
And I give you the answer and the answer will be true.

All I say to you, when you ask me,
will be really true,
but I didn't believe,
that you will believe me.

I feel the freedom to say it all,
because I know, when it's really true
with no fear to do it, whatever it is to say.
They will think you have the fear and they didn't believe you.

Blow away the fear
and you will learn the hell and it's fun.
And you will, so I hope, feel the heaven too.

CAN YOU FEEL THE HELL?

You begin to know, that you need something you didn't have.
Ignore it and you will be unhappy.
And you begin to find what you need you didn't have.

You climb to the heaven and begin to love.
And you can't ignore that,
you will begin to ask for it.
You can't find the way to it
and you begin to feel unhappy.

You destroy all you have
and need it, but don't have it.
And now you begin to feel the hell on earth.
You can now do things,
you never can't do before.
And your feelings climb up and down
and you don't know how it will be end.
When the time come you down on hell,
you die or you climb to the high heaven.

The Darkness

This is a letter to my life. I live and all around me are the lights. And I think, have so much thoughts about the lights and my life. And I feel, have so much feelings about my love. And I walk forward and the daylight go with me. I know and I feel, there isn't something ok. And I begin to see a very low light forward. The power in me isn't strong enough to break out and get what I need. And so I walk forward to the one light. I can only think. And the lights around me begin to shine low, but I didn't see it. It came the day, I look around me and I see the lights around me was down. And I'm in the darkness, but I see the one light it's shining far, far away, and my dreams bring it near to me. I have no fear in the darkness, because the one light makes me strong. And so I walk further forward to my only light. Believing on my fate, I see and I hear and now I feel too, that the one light I'm going for, is not my light and it is going down. Now I'm standing in the real darkness. All lights and the only one too, are loosed and I feel very bad. No hope and no chance for a light for me. And the life force me to go forward in the darkness with no light I'm going for. I look back and I don't want go back. I think, all I do was right, but not right for me. And I look, where I'm standing and see nothing only my loosed dreams and my loosed lights. I walk forward in the real darkness, without any light I'm going for and I feel no sense to do it, but the only thing, the very only thing I know, is, that I must go forward. I feel and I know, that there will be no light on my way, now and in the future. And I have no feelings, no knowledge and no hope, how my story will be end. Feel I the fear for my life? No, in ever no! When the end, the very real end comes to me in this moment, I feel no fear to let it do. Yes, I wish, that it come now to me and I will be free about the back, the now and the darkness forward me. Nobody want, that anybody hurt them, but I must be crazy, because I don't need it, but I want this only so much, that everybody hurt me so much, that I don't need it, to decide on myself. In this moment, it will give no much enough pain for me, I want and I wish to feel, cause I was the one, who makes the lights down for this only one light, I can't have anytime. This mistake is the mistake of my life. And the wrong thing on this mistake is, that I don't feel to have done a mistake. This is my feeling and my knowledge about my life. This isn't my life, but this is my own. And I know the needing about me, and none have a thought about the needing of myself. And so I walk forward in the darkness to hope, that there will be a very strong end. And all I have learned about this, is, that there are only three ways in the life: Have a life with no feelings and so long you didn't go sleep, you didn't have problems. Have a life with feelings, you don't need and so long, you didn't have thoughts about it, you can go forward in your life, but it isn't your life. Have a life with feelings you want, play the game of fate. And when you win, you will have all you need and you be happy, and all lights will be like many suns. But when you loose, and you must have a thought of it before you begin to play the game of fate, that you can loose and than you will feel the real darkness of your life and there is nothing you need, only a wish to make it quickly. Play the game, and you can feel the real life, win or loose, but this is your life. A living dead or a deadly life, or maybe a life, I know, that a very little group of people on earth really have. Try it and you will know it, but you can loose all you have. And I say to have a thought of this: "No risk – no fun .... no life". When you wish it, you must want it, really want it, than you can do it. And there will be no fear to learn the knowledge about your fate, however it is. Walking forward and close your eyes, this isn't my way of life. Open your eyes and know about what you see, have a thought of it, this is my way of life, but I must say, that not all you can see, bring you to be happy. Going up and down on this way of life, and you can't decide it, when you go down forever. And I say goodbye.

My Life

Nomansland

Feel nothing, knowing all. Your body walk through the streets, but you don't know, you don't feel, where you are, how you are. The day is changing to the night, but there no lights burning in the darkness. You walk with your body forward on the streets, and you don't know, you don't feel, where you are, how you are. You use your eyes and your ears, and you think about that, what you see and that what you hear, and you don't know, you don't feel, where you are, how you are. You see the lights behind you, but you know, you can't back, you don't want back. You don't know, you don't feel, where you are, how you are. You see the darkness around you, and there's nothing only darkness. You don't know, you don't feel, where you are, how you are. You look forward and the only you can see, is the darkness you going for, and you don't know, you don't feel, where you are, how your are. Is this the end? I don't know it, I don't feel it, cause I don't know, I don't feel, where I'm, how I'm. The hell is going away from you, the heaven, you don't know it, and between hell and heaven, it's going away from you too. You feel nothing, you think nothing, you be at all empty of yourself. And the only you have, is this behind you, you can't reach it, you won't reach it forever. And all the stars on the firmament are shining low, you can't see them. And the only star, you have want to reach is shining low too. You see no way, no light, no chance and no feel to go to it. And you think about the deadly life, and you think: this is the Nomansland. You feel loosed, loosed for all and for yourself. All the feelings, the wishes, the dreams are away from you and you loose yourself. Your life will be empty, empty for all. Where you are, how you are? I don't ask for it, cause I don't want to know it. The pain comes over you, and you wish more of it, much more of it. The dreams of your old needing comes back, but you don't feel anything. No pain and no happiness of this, cause you are in the Nomansland. And nobody see it, nobody feel it and nobody want to help you, cause you don't want to help yourself. You fall down in the deep, you don't want to stop it. You want nothing, you feel nothing, cause you are in the Nomansland. And there is no question and no answer to need to need for you. All you have want for you, you don't want it now, cause you are in the Nomansland. Empty in your life, empty in your feel, no love, no needing, cause you are loosed in the Nomansland. And there is nobody to take you away from the Nomansland, to get your heart away from the Nomansland, cause you don't need it, your are in the Nomansland. You feel dead, cause you feel nothing, you want nothing, no wishes, no dreams and no reality. All around you, all behind you, all forward you, you don't feel of it, you don't think of it, cause you are in the Nomansland. And a way to go out from the Nomansland, you don't know it, you don't search it, cause you don't want it. Your life feel really dead, cause there is nothing, nothing at all, you want to do, you want to feel, you want to know in the Nomansland. And you walk forward, without a sense, without a feel, without love, without anything, and you walk to the point, you fall down forever. You know and you feel, that you don't know, you don't feel anything at all, cause you are loosed in the Nomansland.

WALK TOGETHER

I feel to need her.
Walking through my life,
I closed my eyes and my thoughts.
And I look for the eyes, who look to me.

I know to need her.
Walking through my dreams,
I opened my eyes and my thoughts.
And I see the eyes, who look to me.

I feel to love her.
Walking through my feelings,
I bring my eyes and thoughts to her.
And I look for her, search for her answer.

I know to love her.
Want to walk together with her,
I search for her eyes and her thoughts.
And I look for a real talk with her.

I feel and I know love.
Walking together to the heaven,
I feel the pain and the love, anybody can.
And when we're both speak, both hear, then we're together.

THE SHADOW OF YOURSELF

You live and you work,
and all you do, is to live.
You feel and you need,
and all you want, is to be happy.

All look at you,
what you have and what you be.
All laugh about you,
what you need and what you feel.

The reality is in you,
and they can't laugh about you, but you can't it do yourself.
The dreams are in you,
and they can laugh about you, but you can laugh about themselves.

You look into yourself,
and you feel sick, about what you have and what you be.
Feel yourself and your true life,
you search for the real needing, and you know the important of yourself.

Your mind of reality or your mind of feelings,
both not the same, but there're both in you.
Feel rich in your body and your brain or rich in your heart and your feelings.
Can you have both?
I think you must decide the important of your life.

And I look at the words:
Be or not to be,
ask it for yourself.
To be, is it the body and the brain,
or the heart and the feelings?

BETWEEN YOU AND ME

I want to have the trust between you and me.
And the beginning of us can start,
whenever I see you and whenever I talk to you.
I need to get your heart.

I need to have the trust between you and me.
And we can begin to walk together,
whenever I see your eyes and whenever I hear your voice.
I need to get into your heart.

I know to have the trust between you and me.
And we can begin to love,
whenever we see us and whenever we think about us.
I need to feel your love.

I trust to have the trust between you and me.
And we love forever,
we're walk together and we're live together.
I'm happy, because I feel your love.

I SWEAR YOU FAITH

Cause all the people look at me,
I swear you faith
and I want to feel your faith
between you and me.

Cause all the people talk to me,
I swear you faith every time
and I need to feel your faith
to say you all I can.

Cause all the people talk about me,
I swear you faith forever
and I love to feel your faith
to take you away forever.

Cause all the people talk about us,
we swear us faith for all the time ends
and we love to feel our faith
we're live together forever.

DON'T GIVE UP

*If you find a way to,
then get it, take it, make it
and do all you can to feel love.*

*Think and try about all ways to,
because you want and you need it
and do all you can to know love.*

*And when you think the ways to hell,
you feel pain and the deadly life
and you fall down to loose love.*

*Don't give up and take the ways you know,
and you feel back the feelings of you and your love
and all doors will be open for your life.*

*Don't give up and want all the pain you can get,
and you will be strong to get what you really need
and all your feelings will shine to your love.*

SHE DON'T CALL ME

I go to her and I talk to her.
And we see our eyes.
I do all to be together with her,
but she don't ask me.

I want her and I need her.
And we talk together.
I do all to show her my needing,
but she don't show it to me.

I love her and I feel pain.
And I use every way to her.
I do all to get into her heart,
but she don't call me.

And I think to give up,
but feel the needing and the pain.
And I don't know, what I can do,
that she call me.

DO IT OR LET IT

Do it or let it?
I don't know it.
Think about it or let it?
I can't decide it.

Need it?
I know it.
Love it?
I feel it.

Is it right or is it wrong?
I don't learn it.
Go to it or let it?
I don't have an answer.

Your eyes bring me up to heaven of feel.

FOLOW YOUR HEART

You need and you don't know, what to do?
Fall in thoughts and feel good
and get the happiness of heaven.
Begin to feel your heart and get it into your brain.

You want and you don't know, what to do?
Blow away the reality and feel your dreams
and get the thoughts of your needing.
Begin to know your heart and get it into your body.

You love and you don't know, what to do?
Change and destroy your life
and get to feel the pain of hell.
Begin to feel your heart and get it into your life.

You see no chance and you don't know, what to do?
Blow away all your thinking and all thoughts
and get the strength of your real pain.
Begin to follow your heart and get the love you love.

You can't understand your heart and you don't know, what to do?
Talk, speak, ask, answer this, what you don't understand
and get the knowledge to your heart.
Begin to do, what you want to do and don't ask why.

A STRANGER OF MY OWN

I have changed my life
and my life has changed me.
I don't know: Is it good or bad?
They begin to laugh about me,
but I can't laugh too,
because I begin to feel the tears of my life.

I have no chance in my life
and my life gives me no chance for me.
And I know: That is bad!
They begin to think about me,
and I think about me too,
because I loosed the sense of my life, I never had.

I have no hope for my life
and my life has no hope for me.
And I feel: That is the hell!
They begin to be angry about me,
and I begin to be angry about myself too,
because I didn't understand my life, I loosed.

I have no answer for my life
and my life has no answer for me.
And I feel: That is the dead!
They begin to forget me,
and I begin to forget myself too,
because I'm a stranger of this world and my own life.

WHAT IS THIS?

Can you hear me, I cry for you.
Can you see me, I need you.
Can you feel me, I can't it to you.

Crying for you, what's the matter?
Needing you, what's going up?
Feeling you, are you crazy?

The question is …; I don't ask you.
The answer is …; I don't give you an answer.
I didn't need to ask you, because I know the answer.
I didn't need the answer, because I don't need to ask you.

Answer the question, you had never ask.
Give an answer for the question you had never give.
The time will give you all you need.
And when you have no time, then you have all answer you need.

WANT THE END

Knocking on the door, but they say,
that it is not the time for you.
And you begin to want inside.

Knocking on the door, but they say,
that they didn't want you.
And you begin to pray to go inside.

Knocking on the door, but they cry,
that they didn't need you.
And you begin to be crazy to go inside.

Knocking on the door, and they are angry,
because you're here, you didn't should be here.
And you are happy, because you're inside.

ASK THE MAN, WHO HURT YOU

Living as a child, without any pain.
Looking into the days of lights.
Feeling lucky and be save.

Sleeping as a child, with a stranger on it.
Dreaming into the nights of darkness.
Feeling the strange and be unsaved.

Living as an adult child, with many pain.
Looking into the days of no believing.
Feeling the dead and be not yourself.

Sleeping as an adult child, with the fair on it.
Dreaming into the nights of nightmare.
And nobody ask the man, who hurt her,
because she can't ask him self.

HAVING A THOUGHT OF IT

You speak and you have words.
But ask you, having a thought of it.
If you want to know it, to feel it,
think about it, otherwise let it be.

You hear and you become words.
But ask you, having a thought of it.
If you want to feel it, to know it,
think about it, otherwise let it be.

You see and you feel words.
But ask you, having a thought of it.
If you want to love, to feel it,
think about it, otherwise let it be.

Living without any thoughts of it,
it's living without pain, but without any feelings too.
Living with many thoughts of all,
bring you the real pain and the nearness of death.